네트워커의 리더십 Ⅱ
- 인성 계발 23가지

The Power to Succeed Ⅱ

More Principles
for Powerful Living

판권본사
독점계약

네트워커의 리더십 Ⅱ - 인성계발 23가지

지은이 · 조 루비노

옮긴이 · 김 영석

감수자 · 김 시중

펴낸이 · 김 시중

1판 1쇄 인쇄일 · 2002년 9월 11일

1판 1쇄 발행일 · 2002년 9월 11일

펴낸곳 · 도서출판 용안미디어

주소 · (135-081) 서울시 강남구 역삼1동696-25 영성빌딩

전화 · 569-5024(대)

팩스 · 569-5009

등록 · 1994년 2월 25일 제16-837호

가격 · 6,000원

ISBN 89-86151-56-1

＊ 잘못된 책은 바꿔 드립니다.

네트워커의 리더십 Ⅱ
- 인성 계발 23가지

The Power to Succeed Ⅱ

More Principles
for Powerful Living

용안미디어

옮긴이 · 김 영 석

- 인하대학교 기계공학과 졸업
- 제일제당 근무
- BYU-Hawaii대학 인력개발학과 졸업
- Eastern Michigan 대학원 수학(조직행동과 관리)
- 스리랑카 심스 뮤직 지사장
- 한국 네트워킹 대표

당신은 이 책을 통해 다음과 같은 내용을 개발할 수 있다 :

- 인생의 성공과 행복을 여는 열쇠를 갖기.
- 경청을 통해 나의 관심사를 찾아내는 법.
- 개인의 영향력을 높이기 위해 경청의 기술을 터득하는 법.
- 기적을 이루는 명확한 의지에 대해 이해하는 법.
- 원하는 것을 얻기 위해 강력하게 요청하는 방법.
- 다른 사람들과 어울려 그들이 자신의 위대함을 발견하도록 돕는 법.
- 당신을 왜소하게 만드는 것을 피하고 뛰어난 능력을 충전하도록 해석하는 것.
- 스피치 능력을 계발하고 결심을 실천하는 것.
- 대화를 통해 바람직한 교제를 하는 방법.
- 매일 행복한 생활을 유지하고 실망을 극복하는 방법.
- 험담을 중지하고 능력을 낭비하지 않는 방법.
- 목적과 방향을 갖고 추진하는 능력을 계발하는 법 또는 그렇지 못 했을 때 입는 손실에 대하여.
- 그리고 그 이상의 것들을 위하여!!

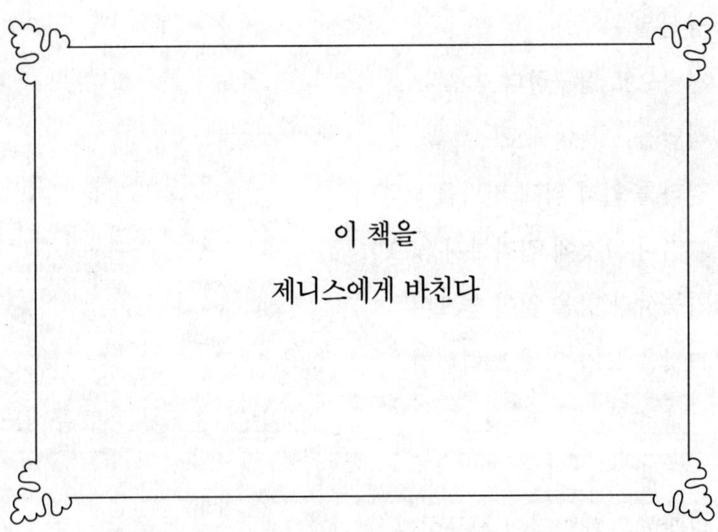

이 책을
제니스에게 바친다

영향력 있는 사람들

당신은:

전력으로 탐구한다.

정답을 모른다해도

결과를 얻기 위해 전력을 다한다.

그러나 그것에 집착하지 않으며

가능성의 창을 열어 놓으며

그것을 보기 위해 노력한다.

조 루비노

위대함은 책임감의 산물이다.

윈스턴 처칠

영국 수상 1940-1945, 1951-1955

이성적인 사람은 자기 자신을 주위 여건에 맞게 활용한다. 이성
이 부족한 사람은 주위의 여건에 자신을 맡긴다. 모든 발전은 이성
이 부족한 사람들에게 달려 있다.

조지 버나드 쇼

아일랜드 출신 영국의 극작가, 평론가 및 수필가

　인생에 있어서 우리의 창의성과 정열을 긍정적인 방향으로 사용
할 것인지, 부정적인 방향으로 사용할 것인지 선택해야 한다. 환경
이 어떠하든지, 자신의 진로를 선택할 수 있는 힘이 있다. 우리 모
두는 위대한 영웅들이다. 선의의 목적을 위해서 일할 수 있다. 우
리 모두는 태어나고 죽는다. 그 동안 무엇을 할 것인가.

작자 미상

성공도 습관이며 실패도 습관이다.

빈스 롬바르디
그린 베이 패커의 미식축구 코치
내셔널 챔피언 5회, 수퍼볼 타이틀 2회 획득

중요한 것은 자문하지 않는 것이다.

알버트 아인슈타인

우리의 모든 꿈은 성취될 수 있다 – 우리가 추구할 때.

월트 디즈니

목차

추 천 사

조 루비노 박사는 개인의 성공과 능력 계발을 돕는, 미국에서 가장 유능한 코치이다. 그는 수많은 리더들이 자신의 리더십 능력을 계발하도록 도와주었다. 그의 책은 수년 동안 세계적으로 저명한 석학들이 가르쳐온 지도원리를 모아놓은 것이다. 조는 인생을 변화시킬 수 있는 원리들을 명확하게 정의하고 지도해온 열정에 넘치는 지도자이다. 이 책을 공부하고 난 후 당신은 성공, 생산력, 영향력 그리고 행복을 완벽하게 누릴 것이다.

- 리차드 브룩 -
〈마하 Ⅱ의 속도로 열정에 불타는 당신의 머릿결〉의 저자

조 루비노 박사는 우리와 비슷한 경험을 했으며 성공을 거둔 후에 효과적인 방법을 제시하고 있다. 그는 성공의 원리를 취해 개개인에게 적용할 수 있도록 준비하였다. 매우 훌륭한 책이다. 성공과 행복을 추구하는 모든 분들에게 추천하는 바이다.

- 밥 부르그 -
〈상대방으로부터 성공을 얻는 방법〉의 저자

인성계발 23가지 아이디어는 우리의 생활에 변화를 주었다. 조루비노 박사가 정의한 원리와 경험은 비즈니스, 개인, 가족, 재정 등 모든 분야에서 커다란 영향력을 주었다. 인생의 경험과 능력을 전달하는 그의 천재성은 가장 쉬운 형태로 우리에게 나타났다. 최상의 능력을 발휘하고자 하는 사람들이 반드시 읽어야 하는 책이다.

– 톰 벤툴로 박사 –
인성계발센터 소장

오늘을 살아가는 세상에서 성공을 도울 수 있도록 쉽게 쓰여진 지침서로서, 최고의 추천도서라 할 수 있다.

– 조 비텔리 –
〈1분마다 태어나는 고객〉의 저자

지식, 열정, 목표, 성공 등 우리의 노력은 자신의 숨겨진 재능에 의해서 반감될 수 있다. 이 책에서 소개된 성공의 원리들은 우리가 지닌 성공에 대한 자질을 계발하도록 돕고 있다. 성공을 쟁취하고, 자기 내부의 능력을 발휘하기 위해 필요한 가이드북이다.

– 코니 두간 –
비즈니스 하트의 최고경영자

감사의 말

이 책이 세상에 나오도록 도와준 나의 코치 브릿지퀘스트사의 마이크와 팅카 스미스, 월드 인스티튜트 그룹의 캐롤 맥콜 그리고 〈마하 Ⅱ의 속도로 열정에 불타는 당신의 머릿결〉의 저자, 리차드 브룩에게 감사드린다.

전편과 마찬가지로 이 책은 내 코치들과 10년 이상 함께 일하면서 얻은 근본적인 원리들을 모은 것이다.

절친한 친구이자 비즈니스 파트너이며 코치인 톰 벤틀로 박사에게 감사의 마음을 전한다. 우리는 이 책이 세상에 나올 수 있도록 함께 일했다.

다른 사람을 도우려는 열정을 불러일으켜 주고 모든 작업을 도와준 아내 제니스와 조건 없는 지지와 도움을 준 가족에게 감사한다.

사람들의 생을 의미 있고 성공적으로 이끌도록 도우려는 비전을 가진 리더들과 트레이닝 과정에 참석한 사람들, 많은 내 친구들에게 특별한 감사를 표하고 싶다.

　이 책을 준비하도록 도와준 션 마티스와 스탠 스미스, 교정을 봐
준 에버린 호웰에게 감사한다.

　끝으로, 이 책을 읽고 개인 발전을 위해 긴 여정을 택한 독자들
에게 감사드린다. 최상의 자신을 구가하기 위해 노력하며 더 나은
오늘을 만들기 위한 열정을 지키면서 더욱 훌륭한 결실을 맺기를
기원한다.

I

소 개

INTRODUCTION

무엇보다 먼저, 당신이 개인 발전 과정에 기꺼이 참여한 것에 감사한다. 이 책을 읽는다는 것은 당신이 모르는 영역에 기꺼이 들어가고 있다는 사실을 말해준다. 여기에 나오는 원리들은 자신이 누구인가 하는 것을 탐구하게 하고 어떻게 더욱더 온전히 개인적인 힘에 접근할 수 있는지 연구하게 한다.

이미 1권에서 제시한 개념들을 탐구한 사람들에게, 이 책은 계속되는 무한한 과정을 보여준다. 계속되는 내용은 다른 사람에게 미치는 개인의 영향력을 확대시킨다는 의미를 더 잘 이해하도록 안내하는 질문과 원리들을 따른 것이다.

개인적인 힘을 키우고 자신이 원하는 최고의 인물이 되기 위해 이 책을 선택한 분들에게는 그러한 탐구에 참여한 것을 환영한다.

1권에서 우리는 다음과 같은 질문이 수반되는 성공 원리들을 다루었다. "당신은 자신의 힘, 카리스마 및 영향력에 기여하는 존재가 되겠는가 아니면 그것으로부터 멀어지는 존재가 되겠는가?"

이러한 원리들은 그것을 얻기 위한 체험을 필요로 한다. 그러므로 매일 친구, 가족, 친지 및 다른 사람들과 일하고 교류하면서 시간을 갖고 제시된 원리들을 탐구하도록 한다. 정보 그 자체는 흥미있고 지식을 전달해주는 역할을 하지만 당신의 삶과 관계에 충분한 영향을 미치지는 못 한다는 것을 기억하라. 기꺼이 성장하고 개인적인 발전 과정에서 오는 통찰력을 경험하고자 하는 마음은 이를 단순한 개념으로부터 개인적인 힘과 영향력에 기여하는 유용한 도구로 전환시켜 준다.

따라야 할 원리들을 발전시키는 과정은 수영을 배우는 것과 같다. 도서관에 가서 수영에 관한 책들을 모두 다 찾아본다 하더라도 실제로 물에 들어가서 수영하는 기술을 배우기까지는 제대로 수영할 수 없다.

정보 그 자체만으로는 개인적인 힘을 얻기 위해 필요한 기본 원리들을 얻는 데 충분하지 않다. 마찬가지로, 경험도 그 자체만으로는 사람 사이의 관계를 비롯해 반드시 인생의 많은 분야에서 효과적인 자원이 되지 못 한다. 정보나 경험이 '대답'이 된다면, 지식이나 경험이 많은 사람들은 항상 가장 효율적인 사람일 것이다. 우리는 모두 종종 이것이 맞는 말이 아니라는 것을 알고 있다.

개인적인 힘을 확장시키는 근원은 아는 것이나 행동하는 것이 아니라 존재 그 자체다. 존재한다는 것은 배움을 통해서 얻을 수 있는 것이 아니다. 다른 사람에게 긍정적으로 영향력을 미치기 위해서는, 자신이 되고 싶은 인물과 일치하는지 재확인할 필요가 있다. 이 재확인하는 일은 당신이 습득하는 핵심 원리의 역할을 한다.

배운 원리들을 실습할 때, 염두에 두어야 할 것은 해독할 수 있는 정답이나 도착해야 할 도착지가 없다는 것이다. 당신의 영향력은 개인적으로 자신의 힘과 관계를 확대시키도록 하는 탐구로부터 오게 될 것이다. 필요한 답을 찾는 대신, 탐구하는 일에 초점을 맞추면 통찰력을 얻을 것이다. 당신은 낯설고 불편하고 잘 모르는 분야에서 자신이 신참자라는 것을 알려야 한다. 압박에서 벗어나 새로운 개인적인 영역을 탐구하는 일을 즐기도록 하라.

실패 같은 것은 없다. 오직 경험만이 있을 뿐이다. 개인적인 영향력과 힘은 새롭고 낯선 개념과 접할 때 어색하고 불편한 것에서부터 싹트게 될 것이다. 탐구하는 내용이 불편하거나 짐스러워지더라도 낙담하지 말라. 자신을 타파하고 자신의 존재를 재확인하는 용기는 돌파구를 하나씩 헤쳐나가는 경험을 하게 될 때 오게 된다.

마지막으로 그러한 과정을 즐기도록 하라. 개인적인 발전은 흥미 있고 유쾌한 일이다. 당신이 얻는 새로운 성공 원리들은 당신에게 행복과 풍요로운 관계 그리고 개인적인 최대의 영향력을 가져올 것이다.

II

삶의 효율성을 높이는 방법

IMPACTING YOUR LIFE AND YOUR EFFECTIVENESS

이 책을 최대한 활용할 수 있는 구조를 만들어내기

당신은 이 책을 최대한 활용하기 위해 제시된 개념들을 경험해 보고 싶어질 것이다. 한 가지 방법은, 지도해줄 수 있는 사람을 찾아 개인 발전 프로그램을 실시하는 것이다. 이러한 일을 해주는 추천된 단체나 자료들이 이 책 뒤에 수록되어 있다. 수년 동안 매일 성공 원리들을 경험하고 나면 그것들이 결국 당신의 일부가 되어 있는 것을 알게 될 것이다. 불행하게도 많은 사람들이 이러한 접근 방법을 활용하지 못 하고 있다.

대체할 수 있는 좋은 방법은 개인적으로 자신의 영향력을 키우겠다고 결심한 1~5명과 일하는 것이다. 모든 사람에게 우선 이 책을 한 번씩 읽도록 요청한다. 그런 다음 매주 한 번, 한 가지 개념씩, 각 장 끝부분에 제시된 질문에 대해 답해 보면서 제시된 원칙을 탐구하고 경험하도록 서로를 돕겠다고 결심하는 것이다.

하나의 그룹으로서 한 사람씩 돌아가며 제시된 주요 개념에 대한 토론을 인도하도록 계획을 짠다. 각 성공 원리를 함께 읽는다.

각자 그룹에 대해 품고 있는 생각과 통찰력, 질문 또는 과제가 있다면 그것에 대해 토론한다.

어떤 생각이나 관찰할 내용, 문제, 다루어진 주제에 대한 관심사나 통찰력을 기록하면서 매일 일지를 작성한다. 자신의 개인적인 힘과 영향력을 향상시킴으로써 주위에서 나타나는 것들을 찾아본다. 당신의 탁월함이나 다른 사람과의 관계에 도움이 되지 않는 판단이나 행동에 유의한다.

한 주가 끝나면 그룹원들을 직접 만나거나 전화상으로 배운 내용을 검토한다. 당신이 얻은 통찰력이나 해결책을 토론하고 1~10점으로 참여도를 표시한다.

매번 새로운 개념을 공부할 때마다 그 이전에 공부한 원리들을 복습한다. 일종의 어떤 패턴이 형성되는 것이 보이는가? 그룹에 속한 다른 사람들에게 피드백과 통찰력을 요청한다. 다른 사람들은 어디에서 중단하는지 모르지만 우리는 자신의 한계를 깨닫는 마지막 사람들이다.

다시 한번 말하지만 즐거움을 누리기 바란다. 자신을 바라보고 기꺼이 웃을 수 있는 마음과 개인 발전 경험을 즐기는 일은 당신의 성공에 지대한 공헌을 할 것이다.

Ⅲ

개인적인 능력을
활용하는 원리

PRINCIPLES FOR
ACCESSING YOUR
PERSONAL POWER

1

당신의 인생을
움직이는 것들

나는 어떠한 상황에 처하든 유쾌하고 행복할 것이라는 결심을 아직도 가지고 있다. 왜냐하면 행복이나 불행의 대부분이 우리가 처한 상황이 아니라 생각에 의해 좌우된다는 것을 경험을 통해 알았기 때문이다.

말타 워싱턴
미국 초대 대통령 영부인

인생의 초기에 우리는 다른 사람과 세상, 우리 자신에 관해 중요한 결정을 한다. 그것은 우리로 하여금 특정한 성품들을 찾아내게 하는 반면 다른 것들은 회피하게 한다.

많은 사람들은 대부분 출생한 후부터 대략 12살까지 "나는 사랑할 자격이 없어. 성격도 좋지 않고 뭔가 부족해."라는 식으로 판단해 버린다. 우리는 자신의 생각이 옳지 않기 때문에 변명하지도 않고 그러한 것들을 생각조차 하지 않겠다고 결심한다. 우리가 부족하거나 원치 않는 인물밖에 되지 못 했더라도 상관없다.

우리는 우리가 만들어낸, 자신과 어울리지 않는 이미지를 피하기 위해 인생을 보낸다. 억지로 도달해야 하는 것과는 반대되는 다른 이미지가 되기 위해 애쓴다. 과거를 회피하고 미래에 살려고 하기 때문에 현재를 충실하게 보내지 못한다. 그렇게 결코 얻을 수 없는 이미지에 도달하기 위해 애쓰는 가운데 만족이란 있을 리 없다. 그것은 구름 속으로 뻗친 사다리를 타고 올라가는 것에 비유할 수 있다. 자신의 이미지를 찾아 사다리를 타고 오를수록, 그것은 점점 더 멀어진다. 우리가 아무리 높이 오르더라도 사다리가 끝나지 않는 한 결코 원하는 곳에 도달하지 못 한다. 우리는 결코 충분하다고 할만큼 훌륭하지도 않고 충분히 만족하지도 못 한다. 이것이 우리의 행복과 힘을 빼앗아간다.

우리는 자신에 대한 이 부적절한 이미지를 피하려고만 애쓸 뿐이지 피하려고 하는 것이 무엇인지 정확하게 파악해 그에 접근하지 못 하고 있다. 따라서 피하고 있는 것에 반대되는 이미지를 만들어내지 못하기 때문에 피하려고 하는 무엇인가는 다만 그것을 그 자리에 더욱 확고하게 자리잡도록 해줄 뿐이다.

자신에게 다음과 같은 질문을 해보라.
1) 15세 무렵, 누구를 가장 동경하거나 흉내내려고 했었는가?
2) 당신의 부모님은 당신이 어떤 사람이 되기를 가장 원했는가?

내가 영웅처럼 생각했던 두 사람은 내셔널 하키리그에서 언제나 최강의 수비수였던 바비 올과 뉴욕 젯츠의 전설적인 올스타 쿼터백인 조 네이맷이었다. 올은 전 아이스하키 게임을 통해 가장 빠른 선수로서 보스턴 부르인스팀의 주장이며 팀이 우승하도록 만든 뛰어난 선수였다. 그는 경기장 안에서나 밖에서 분명 승자였다. 브로드웨이 조는 강하고 남성적인 사람으로서 감당하기 힘들만큼 여자들이 따라다녔다.

부모를 포함한 내 주변 사람들은 내가 성공하고 책임감 있는 사람이 되기를 원했다. 그들은 내가 최고로 훌륭한 사람이 되기를 원했으며 나를 자랑스럽게 여기고 싶어했다. 나는 억지로 이런 모든 것들을 갖춘 사람 즉, 멋있고 터프하고 남자답고 민첩하고 스마트하며 성공적인 사람이 되어야 하는 처지에 놓여 있었다. 행동을 조종하는 이러한 이미지와 더불어 나는 자신이 만들어 놓은 모습처럼 살아야겠다는 의도로 고등학교 축구팀과 하키팀에서 운동을 하려고 애썼다.

신장 168cm, 체중 60kg의 신체 조건에다 운동에도 능숙하지 못한 나는 결코 원하는 선수가 될 수 없었다. 축구 경기 도중 상대 선수에게 무너지기 일쑤였으며 하키에서는 속도, 체격 및 훌륭한 선수가 되는 데 필요한 기술이 역부족이었다.

그래서 나는 스마트해지기로 결심했다. 스마트해지는 것은 내가 할 수 있는 일이었다. 그래서 내가 할 수 있는 한, 가장 똑똑한 사람이 되어야 하는 처지에 놓이게 되었다. 완벽을 기하기 위해 밤낮을 가리지 않고 공부했다. 성공할 수 있는 방법을 생각하느라 자리에 누워서도 잠을 이루지 못 했다.

그 결과 다음과 같은 성과를 올렸지만 그것은 결코 내가 만족할만한 것이 아니었다. 내 자랑처럼 보인다면 독자의 양해를 구한다.

- 고등학교 수석졸업생(평균 98점은 만족할 수 없는 점수였다. 나는 100점을 맞았어야 했다).
- 보스턴대학 시절, 반에서 상위 4% 안에 드는 성적으로 졸업(그것은 2,200명 가운데 80명이 나보다 잘했다는 것을 의미했다).
- 거의 모든 학생들보다 임상학 점수에서 1년이나 앞서, 치과대학을 3년 만에 마쳤다(그것도 대단한 것이 아니다. 정말로 똑똑했다면, 나는 의대에 갔을 것이다).

무엇을 하든 결코 충분하지 않았으며 오랫동안 만족하지 못 했다. 결국 연장경기에서 득점을 해 스탠리컵을 차지하거나 슈퍼볼에서 우승해 모든 사람의 영웅으로서 종이테이프 세례를 받으며 뉴욕 시내를 퍼레이드하는 일은 결코 일어나지 않았다.

치과의사로서 나는 주위에서 가장 크고 좋은 병원을 갖기 위해 애썼다. 항상 지난 주보다 더 많은 환자를 진료하겠다는 목표를 세웠다. 이것은 더 많은 환자를 유치하기 위해 최대, 최고의 광고를 해야 하며 이들을 수용하기 위해서 더 많은 의사와 직원을 고용해야 한다는 것을 의미했다. 그러나 그것도 결코 충분하지 않았다. 이런 어리석은 짓이 절정에 다다르고 그로 인해 생겨난 괴물과 같은 것으로부터 받는 스트레스를 감당할 수 없을 정도가 되었다. 그당시 나는 매달 250명 이상의 새로운 환자를 치료하는 가장 크고 훌륭한 병원을 유지하기 위해 15명의 직원과 6명의 보조 의사를 두고 있었다.

내가 머리 속에 그리는 이미지 – 똑똑하고 성공적인 사람 – 처럼 되기 위해 모든 노력을 다 기울이는 동안 나는 실제로 나약하고, 어리석고, 낙오자가 된 내 모습을 볼 뿐이었다. 다시 말하면, 결코 바비 올이나 조 네이맷이 될 수 없는 고등학생이었다. 나는 아직도 자신이 멋지고, 남자답고 터프하고 민첩한 사람이 될 수 없다는 사실을 받아들일 수 없었기 때문에 '실제로' 내가 '알고' 있는 낙오자로부터 계속 도망치고 있었다. 내가 무엇을 성취했건 간에 그것을 하찮은 것으로 보고 자신을 설득력 없는 존재로 만들면서 다시한번 나약하고 어리석은 낙오자로 만들었다.

이러한 태도에 만족감이나 평안함이 있을 리 만무했다. 내가 추구하는 막연한 이미지에 도달하려고 애쓸수록 나는 성취하는 일로부터 멀어졌다. 그렇다면 이러한 악순환의 해결책은 무엇인가?
첫째는 당신의 삶은 통제 가운데서 움직이고 있으며 자신의 것이 아니라는 사실에 대한 인식이다. 당신이 삶을 운영하는 것이 아니라 삶이 당신을 운영한다. 그렇다면 당신이 피해야 할 것이 무엇인지 분명해진다. 당신이 피하는 것을 받아들이고 그것과 타협하게 될 때, 그로 인해 처하게 되는 상황에서 벗어나게 된다. "그래서 어쨌다는 거야?"라는 식의 태도를 갖게 될 때, 악순환의 고리는 풀어지고 당신을 어려운 처지로 몰아가는 힘은 세력을 잃게 된다.

당신이 다른 사람의 눈에, 되지 않겠다고 결정한 바로 그 존재로 비춰질 때까지 그것은 당신과 당신의 삶을 이용할 것이다. 당신의 직업, 인간 관계와 인생은 이러한 드라마와 일치한다.

당신이 어떤 대가를 치르더라도 피할 수 없는 사람이 될 것이라는 위협적인 가능성을 경험하는 일은 당혹스런 일이다. 희박한 가능성이지만 그것이 당신이 꺼리는 존재가 되리라는 것을 보여줄 때면, 당신은 자신이 그것을 피하기 위해 전력을 다하는 것을 보게 된다. 나약하고 어리석은 존재, 낙오자 또는 어떤 이미지든 간에 그것은 당신에게 다가올 것이며 즉각적이면서 종종 무의식적으로 보이는 반응은 "아냐, 그건 절대 안돼!"라고 하면서 다른 가능성을 찾아 움직이게 된다.

이러한 방법에 사로잡히는 것은 그 나름대로의 가치를 갖고 있다. 때에 따라서는 대단한 효과를 발휘할 수도 있다. 결국 그것은 오늘 당신이 갖고 있는 신분과 인격을 만들었다. 그러나 그것이 당신을 움직이는 한, 당신은 그 문제 안에서 침묵을 지킨다. 당신이 자신의 힘을 포기할 때 의도적으로 선택하는 삶을 살 수 없게 된다.

그러므로 우선 인생을 조종하고 행동하도록 명령하는 이미지와 접촉하도록 하라. 다른 사람들이 당신을 사람으로서 특징짓는 어떤 특성들을 감당할 수 없는가? 이 모든 것을 만든 장본인이 자신이라는 것과 그것이 당신의 삶을 움직이는 드라마의 일부가 되었다는 사실을 깨닫도록 하라. 그것은 단순히 진실이 아니며 더 이상 당신에게 도움이 되지 않는다. 나약하고 어리석은 낙오자라는 생각에 몸서리친다면, 이러한 성품들을 포용하도록 하라. 나가서 수많은 낙오자들을 생각하고 기꺼이 낙오자가 될 각오를 한다면, 성공은 그 부산물로서 자연스럽게 올 것이다. 매 순간 당신이 두려워하는 특성을 지닌 사람이 될지도 모른다는 생각이 떠오를 때, 그것이 당신의 행동에 영향을 미치지 않도록 해야겠다는 결심을 하라. 이것은 당신이 하고 싶은 행동을 선택할 수 있다는 인식으로부터 오는 새롭고도 강력한 행동에 대한 자유를 제공할 것이다.

당신의 힘을 되찾는다.

1) 15살 때 당신은 누구를 가장 동경했는가?

2) 부모가 당신에게서 가장 보고 싶어했던 특성은 무엇이었는가?

3) 아직도 어떤 인물이 되겠다는 이미지를 가지고 있거나 과거에 가지고 있던 적이 있었는가?

4) 어떤 사람이 될 것을 피하고 있는가? 당황하거나 내적인 갈등을 겪을 때를 유의한다. 도저히 묵과할 수 없는 그리고 어

떤 대가를 치르더라도 피하고 싶은 특성들을 열거한다.

5) 일단 피하고 싶은 특성들이 밝혀지고 나면 언제 그것이 자동적으로 당신의 행동에 영향을 미치는지 유의한다.

6) 당신이 각본 안에 있는 시기를 깨달음으로써 어떤 사람이 될 것인가를 선택하고 두려움으로 인해 통제받고 당신에게 가장 도움을 주는 것에 따라 행동하는 사람이 되도록 한다.

7) 매일 관찰하는 것을 일지에 기록한다.

2

경청하는 방법은 무엇이 인생에 나타날지를 결정한다

동료 요원이 암호 메시지를 보냈다. 암호 해독기를 꺼내 놓고 메시지를 해독한다. 해독 결과, 당신은 정확한 정보를 얻었다는 확신을 갖는다. 그러나 다른 요원이 다른 암호를 사용한 메시지를 보냈는데 당신은 알 수 없는 것이다. 그가 당신에게 읽으라고 보낸 메시지는 애써 해독을 했지만 전혀 다른 메시지이다.

우리는 모두 다른 사람이 사용하는 암호가 우리가 사용하는 것과 같을 것이라는 안일한 생각으로 항상 암호를 사용해 대화한다. 다시 말하면, 우리나 다른 사람이 말하는 것을 자신의 편견이나 견해를 통해 여과시킨다. 불행하게도 우리는 한 가지 분명한 사실을 간과하고 있다. 그것은 모든 사람이 각기 다른 개인적인 식견을 갖고 있어서 그것이 그들의 대화에 직접 영향을 미친다는 점이다.

이 사업에 종사하고 있는 필자나 다른 사람들은 이 개인적인 식견과 잠재의식 속 해석의 여과장치를 개인의 경청이라고 부른다. 대화를 나눌 때, 긍정적이든 부정적이든 관용을 보이든 적대감을 보이든 경청은 주위에 있는 사람들이 하는 말을 어떻게 받아들이는가에 직접적인 영향을 미친다. 당신은 다른 사람이 하는 말을 분명하게 듣고 있는가 아니면 개인적인 식견 즉, 자기 자신만의 경청을 통해 모든 말을 여과하는가?

가장 일반적인 통념 중 하나는 우리의 경청이 아무런 의미도 없다는 관점에서 다른 사람의 말을 듣는다는 것이다. 그것은 즉, 다른 사람이 말할 때, 그것을 정확하게 들으며 그들이 말하는 것으로부터 무엇인가 얻겠다고 의도하는 것이다. 예를 들면, 당신은 얼마나 자주 대화를 확인하면서 주의 깊게 경청하는 일을 멈추는지 혹은 자신의 견해나 판단을 경청하고 있는 건 아닌지 유의해야 한다.

지도력 계발에 관한 마이크 스미스의 탁월한 프로그램인 '프리덤 코스(The Freedom Course)'에서 그는 우리가 경청한 것은 실제적인 것으로 가득 찼다는 점을 지적한다. 우리가 듣고 있는 것을 향해 문을 열지 않는다면 즉, 제대로 경청하지 않는다면, 그 말은 우리에게 아무것도 보여줄 수가 없다. 우리는 다른 사람들이 제공하는 것을 들으면서 살아간다. 만일 그들이 우리가 하는 말을 너 그렇게 경청한다면 그렇지 않을 경우보다 우리의 존재가 정확하게 전달될 기회는 훨씬 더 커질 것이다.

예를 들어, 당신은 다국적 기업을 운영하는 성공적인 사업가다. 함께 일하는 동료들에게 말할 때, 당신의 말은 카리스마가 있고 힘 있게 전달된다. 반면, 부모가 살고 있는 조그만 고향집을 찾아가면 당신이 하는 말은 어리고 힘없는 아들과 딸의 말처럼 들릴 것이다. 20년 만에 갖는 고등학교 동창회에 참석했을 때, 당신의 말이 내성적인 책벌레의 말로 들렸다면, 그 후로 아무리 변했다 하더라도 다른 사람들은 당신을 그렇게 받아들일 것이다. 다른 사람들이 당신의 말을 경청하는 방법 이외에는 그들에게 다가갈 수 없으므로 당신은 자신의 말이 어떻게 전달되는가에 유의해야 한다. 이러한 사실에 유의함으로써 당신은 다른 사람에게 영향을 주는 말을 할 기회를 갖게 된다. 진정으로 효과가 있기를 바란다면, 다른 사람들이 당신의 말을 경청하도록 하는 데 대한 책임을 져야 한다. 당신은 꼭 전달할 필요가 있다고 보는 문제를 실제로 말함으로써 이렇게 할 수 있다.

다른 사람들이 당신의 말을 어떻게 들을 것인가에 대해 경솔한 생각을 하지 않게 된다. 그 대신, 전달하고자 하는 것을 결정하고 당신의 대화가 효과적인 것이 되도록 책임을 진다.

당신이 어떤 대우를 받아야 하고 그들이 당신과 어떤 교류를 하고 있는가에 대해 다른 사람을 훈련하라. 그래도 사람들이 당신에게 존경심을 보이지 않고 마구 대하거나 아무렇게 혹사시키면서 무례하게 군다면, 당신은 그들을 제대로 훈련시키지 못한 것이다.

그 대신, 당신과의 교류에서 자신을 존중하도록 요청해 당신을 대하는 방법을 훈련시키도록 하라. 당신은 자신이 되기로 한 사람에게 어울리지 않는 행동은 하지 말라. 분명하고 깨끗한 대화로 자신을 전달하는 반면, 당신이 하는 말을 경청하는 것에 대해 완전한 책임을 지게 하는 것은 기대하는 효과를 한껏 높여줄 것이다.

다른 사람의 말을 주의 깊게 듣는 것은 그들이 당신의 말을 경청하는 것에 주의를 기울이는 것만큼 중요한 일이다. 만일 당신이 다른 어떤 사람을 특별한 능력이 있거나 이지적인 사람이 아니라고 생각한다면, 당신은 그들이 당신을 위해 기여할 수도 있는 중요한 것을 놓칠 가능성이 있다. 같은 사람에게 대화를 통해 무엇인가 중요한 것을 얻을 수 있다는 기대를 갖고 경청한다면, 새롭고 전에는 몰랐던 가능성을 보여주는 전혀 다른 관점의 결과가 나타날 것이다.

말하는 내용은 물론 말하지 않는 내용까지도 경청할 때, 당신의 개인적인 힘은 경청하는 능력에 비례해 증가할 것이다. 당신이 어떻게 경청할지를 깨달을 때, 다른 사람의 말을 경청하는 새로운 방법을 계발할 수 있게 된다. 경청하는 방법에 대해 책임을 져라. 새로운 가능성의 세계가 열릴 것이다.

우리는 항상 뭔가 경청하고 있다는 것을 기억하라. 우리는 이야기되고 있는 것이나 속삭여주는 우리 머리 속에 있는 작은 소리를 듣고 있다. 효과적으로 경청하는 사람이 되기 위해 기울이는 모든 노력은 당신이 의도적으로 그렇게 되겠다는 것을 의미하는 것이다. 동시에 그렇지 못할 때, 엄격하게 자신이 결심한 것으로 되돌아가겠다는 것을 뜻하기도 한다. 효율적으로 경청하기 위해서는 가능성을 경청하라. 다른 사람의 개인적인 가치관, 관심사 및 각오를 경청하라. 그들의 세계로 들어가 그들처럼 되는 것이 무엇인지 진정으로 경청하라. 자신에게 계속 "나는 지금 무엇을 경청하고 있는가?"라는 질문을 함으로써 개인적인 힘에 접근하라.

경청하는 능력을 확대한다.

1) 당신이 매일 대화를 나누는 사람들로부터 무엇을 경청하고 있는지 주의를 기울인다. 당신은 관대한 태도로 경청하고 있는지 아니면 다른 사람을 대단치 않은 존재로 여기는지 확인한다.

2) 말하는 스타일이나 당신이 대화를 나누는 사람들에 대해 갖고 있는 견해에 상관없이 모든 대화에서 어떤 가치나 기여하는 바가 있는지 의식적으로 경청 능력을 키운다. 효과를 거두기 위해 그러한 견해를 보류해야 할 수도 있다.

3) 모든 대화에서 당신이 말하는 것을 경청하도록 유의하라. 당신은 조바심내고 분노하며 모든 것을 아는 체하거나 산만하게 경청하는가? 개개인의 경청 태도를 설명한다. 당신의 뜻이 정확하게 전달됐는지를 어떻게 알 수 있는가?

4) 당신이 하는 말에 대한 다른 사람의 경청을 관리한다. 어떤 사람이 주의를 기울이지 않는다면, 그에게 대화를 나누기에 적절한 시간이 아닌지 질문하듯 대화를 중단하라. 당신의 말이 대화에 도움을 주지 않는 식으로 전달되고 있다면, 관심사를 솔직하게 말하라. 적대감이나 호전적인 느낌을 주지 않고 자신의 말을 전달하는 것에 대해 책임을 진다.

5) 관찰한 내용을 일지에 기록한다.

3

위대함에 이르는 방법, 경청

당신이 경청하는 내용은 대화에서 얻는 내용을 결정한다. 너무나 자주 우리는 무심코 다른 사람의 말을 듣고 나서 나중에 아무것도 기억하지 못 한다. 다른 사람이 말하는 것을 경청하기보다는 자신의 생각이나 내부의 속삭임을 듣는 경우가 종종 있다. 더 많은 것을 경청함으로써 더 많은 것을 얻을 수 있는 방법을 살펴보기로 하자.

다른 사람에게 내재된 훌륭함을 경청하라.

유능한 사람이 지니고 있는 특성은 다른 사람이 최선을 다하도록 힘을 부여하는 능력이다. 이것은 잠재력을 인식하고 문제에 대처할 수 있는 여지를 만드는 한편, 자신에게서 보지 못 하는 것들을 다른 사람에게서 보는 능력이다. 그것은 다른 사람이 당신의 기대에 따라 생활해야 한다는 요구를 하지 않더라도 그들을 위대하게 보는 능력이다.

우리는 일반적으로 자신의 의견과 판단을 통해 경청한다. 이러한 방법으로 경청하는 것은 실제로 이야기되는 것을 여과하고 올바르게 들을 수 있는 것을 왜곡시킨다. 효력이 있든 없든 지적이든 이해가 느리든 통찰력이 있든 기여하는 바가 별로 없든 간에 우리가 다른 사람을 보는 방법은 그들과의 대화를 통해 얻게 되는 모든 것과 관계가 있다. 우리가 다른 사람을 훌륭하게 여긴다면 우리는 그들이 그렇게 되도록 힘을 부여해주어야 한다. 배우자, 가족, 친구, 직장 동료, 부하직원 등 다른 사람들을 최대한 활용하는 것은 우리가 그들이 갖고 있는 잠재력을 그들 자신이 보는 것보다 더 훌륭한 것으로 간주할 때 가능해진다.

다른 사람들이 대단한 존재인 것처럼 그들의 말도 경청할 때, 우리가 그들에게서 기대하는 긍정적인 특성은 손쉽게 나타난다. 우리가 다른 사람을 탁월하게 되도록 이끌 때, 그들은 전에 보지 못 했던 가능성을 자신들에게서 발견한다.

이러한 방법으로 늘 다른 사람의 말을 경청하는 것은 그들이 원하는 것은 무엇이든 해낼 수 있는 능력이 있다고 자신을 믿게 될 때까지 확신과 힘을 얻게 해준다.

다른 사람에게 힘을 부여하는 비결은 그들이 결코 스스로를 하찮게 또는 나약하거나 독립심이 없는 사람으로 여기도록 해서는 안 된다는 것이다.

이미 훌륭한 사람으로 간주하고 그들을 지지하고 나타내 보이는 가능성을 경청하라. 놓칠 수도 있지만 제 위치에 놔두기만 하면 힘을 발휘할 수 있다는 것을 알도록 돕는다. 당신이 원하는 것이 아니라 다른 사람이 필요로 하고 원하는 것을 경청하라. 당신이 원하는 것은 대개 다른 사람이 받아들일 준비가 되어 있는 것과 비교할 때 거의 가치가 없는 것들이다.

당신은 다가오는 모든 사람에게 힘을 줄 수 있는 재능을 갖고 있다. 마찬가지로 모든 사람들도 당신에게 기여할 똑같은 재능을 갖고 있다. 다른 사람들이 힘을 부여하는 이러한 재능을 얻기 위해 당신에게 왔다는 기대를 갖고 다른 사람과 교류하라. 당신이 할 일은 그것이 무엇인지 알아내는 일이다. 다른 사람에게 기여할 수 있는 경청을 통해 그들은 가장 큰 선물을 당신에게 돌려주게 된다. 그들은 당신이 목적을 갖고 되고자 하는 사람이 되도록 도움을 주었다.

다른 사람이 당신에게 기여할 수 있는 것에 귀를 기울인다

당신이 활용할 수 있는 가치 있는 어떤 것을 들으려는 기대를 갖고 대화에 임할 때, 원하는 것을 얻어갈 수 있는 가능성이 있다. 능력이나 통찰력이 있는 사람에게서 이렇듯 뭔가를 경청하는 것은 쉬운 반면, 상대방이 하는 말이 이러한 힘을 반영하지 못할 때, 긍정적인 기대를 갖고 경청하겠다는 각오로 되돌아가는 데는 노력이 필요하다.

예를 들어, 서두르고 빨리 요점을 말하려는 조바심으로 다른 사람의 말을 경청한다면, 당신은 자신에게 현재의 대화를 느린 속도로 그리고 신중하게 하겠다는 각오를 상기시킬 필요가 있다. 다른 사람이 말하는 스타일은 대화를 통해 당신이 얻을 수 있는 가치와는 거의 아무런 관계도 없다는 것을 기억하라.

다른 사람이 중요하게 여기는 것을 경청한다.

자신을 남의 입장에 놓고 그들의 가치관과 관심사에 대한 이해를 높이게 되면 그들이 왜 그런 식으로 생각하고 말하고 행동하는지 이해하는 일이 훨씬 쉬워진다. 대립이나 친근감의 부족에서 야기될 수도 있는 오해는 공통 기반을 탐구하게 하는 감정이입으로 대치된다. 다른 사람의 결심을 들을 때, 당신은 자신의 관심에서 야기되는 연민을 가지고 행동하게 된다.

다른 사람의 말을 주의 깊게 경청함.

우리가 대화를 통해 얻는 것은 종종 그것을 주의 깊게 간직하는 역할을 한다. 이것을 설명하기 위해 당신은 비행기가 이륙하기 전 승무원이 전해 주는 안전수칙을 얼마나 잘 경청하는지 비교해 본다. 대부분의 다른 사람들처럼 당신은 설명에 주의를 기울이지 않을 것이다. 독서를 하거나 주의를 딴 데로 돌리면서 비행기가 추락할 가능성은 거의 없다고 생각할 것이다. 더구나 전에 그것을 수도 없이 들었다.

이것을 비행기가 반쯤 갔을 때, 승무원이 엔진에 고장이 생겨 비행기가 하강 중이라는 방송을 하는 상황과 비교해 본다. 생명이 위태로운 상황에서 당신은 전에는 그래본 적이 없는 태도로 안내 방송을 듣게 된다. 당신이 경청하는 것은 듣고자 하는 내용과 직접 관계가 있다.

모든 대화에서 최대한의 것을 얻기 위해 모든 사람에게는 다른 사람에게 전해줄 큰 가치가 있는 무엇인가가 있다는 견해에서 경청하도록 한다. 그가 어떤 사람이든 그를 얼마나 유능한 사람으로 간주하든 또 그가 어떤 투로 말을 하든 상관없이 당신이 의도하는 것은 뭔가를 얻고자 하는 것이다.

모든 대화에서 가치 있는 것을 얻기 위해 경청하는 일은 주의를 기울이지 않고 경청했을 때 얻을 수 없었던 무한한 통찰력을 제공해 준다.

다른 사람이 갖고 있는 좋은 의도를 알아내기 위해 경청한다.

가치 있는 또 다른 경청 방법은 모든 사람은 좋은 의도를 갖고 있다고 간주하며 대화한다는 가정에서 오는 것이다. 나는 이것이 반드시 사실이라고 말하지는 않겠다. 그것은 단순히 인간 관계에서 당신을 돕기 위해 힘을 부여하는 해석일 뿐이다. 이것은 특별히 반대의 상황을 강력히 제시할 수 있는 증거가 있을 때, 가치가 있다.

논쟁의 여지가 있는 극단적인 예가 되겠지만 서방 국가에서 사악한 사람으로 간주되는 사담 후세인은 스스로가 보기에는 가장 좋은 의도를 갖고 활동한다는 것이다. 이것은 그의 끔찍한 행동을 묵과하자는 것이 아니라 그의 동기가 종종 절대적인 권력에 근거를 두었다는 것을 무시한다는 것이다. 그것은 단지 요점을 설명하기 위해서이다. 당신이 다른 사람의 입장에 서서 그들이 사물을 보는 것처럼 보려고 할 때, 그들이 좋은 의도를 갖고 행동했다는 것을 상상하는 것은 가능한 일이며 이 경우, 그가 국가의 이익을 위해 그렇게 했다는 것을 쉽게 상상할 수 있다.

이러한 방법으로 경청하는 것은 당신이 다른 사람과의 관계에 도움을 주는 대체 해석을 가져오게 한다. 이러한 견해는 때로 당신에게 도움을 주기도 하지만 그렇지 않기도 하다. 이것은 다른 사람을 대할 때의 효과를 극대화하기 위해 공구함에 있는 또 다른 공구를 사용하는 것처럼 전적으로 당신에게 달려 있다.

다른 사람이 지닌 훌륭한 점을 찾기 위해 경청한다.

1) 앞으로 30일 동안 다음 경청 방법 가운데 일부 또는 전부를 실천해 본다 :

· 다른 사람들에게 그들의 장점을 깨닫도록 힘을 부여한다.

· 어떻게 해야 그들이 당신에게 가치 있는 것을 기여할 수 있는지 듣는다.

· 그들의 결심과 관심사 그리고 그들과 같이 되는 것이 무엇인지 이해한다.

· 중요한 것을 매우 위태로운 것처럼 경청한다. 다른 사람과의 관계에서 그렇게 할 수 있다.

· 다른 사람이 갖고 있는 좋은 의도를 잘 듣는다.

2) 당신의 일지에 이러한 방법으로 경청했을 때 오는 통찰력이나 가능성을 적는다.

4

다른 사람이 가지고 있는 최선의 것을 이끌어내기

인간 관계에서 우리에게 힘을 주는 기본적인 원리는 기꺼이 다른 사람의 입장을 받아들일 수 있는 여지를 만드는 것이다. 입장이라 함은 다른 사람과 그들의 세상, 그리고 그들 자신을 보는 방법 등, 특별히 그들의 견해가 우리와 다르거나 반대일 경우를 말한다.

모든 사람은 상황과 다른 사람을 바라보는 자신만의 독특한 패러다임을 갖고 있다. 우리의 패러다임이 다른 사람의 것과 일치할 때는 아무런 충돌도 없다. 그것은 종종 두 사람이 인생을 같은 방법으로 바라본다는 의미의 우정으로 특징짓기도 한다. 친구가 종종 서로를 위해 존재하는 것 즉, 의롭고 일치된 견해를 갖고 있는 것은 바로 그러한 이유에서다.

문제는 다른 사람이 우리의 견해와 반대되는 생각을 하거나 행동할 때 생긴다. 그런 상충되는 상황에 대해 우리가 보이는 일반적인 반응은 그것에 반대하거나 그들과 우리 사이에 거리를 두는 것이다.

다른 사람의 입장에 서서 그들의 각오를 들을 때, 그것은 우리의 개인적인 영향력을 향상시킬 기회가 될 수 있다. 그를 능력 있고 지적이고 유능하고 그렇기 때문에 대화할 수 있는 사람으로 간주하라. 사람들이 당신이 말하는 것을 실제로 경청한다 하더라도 놀라지 말라.

우리가 다른 사람의 뜻과 일치하지 않고 그들을 어리석게 여기거나 잘못 이해하고 혼란스럽거나 잘못을 범하는 사람으로 간주할 때, 결과는 막다른 길에 이르게 되고 관계도 나빠진다. 다른 사람을 잘못 이해하는 것은 그 사람으로 하여금 사물을 다른 방법으로 보지 못 하게 할 뿐이다. 속담처럼 자신의 뜻에 반대되는 확신을 갖고 있는 사람은 여전히 같은 견해를 갖고 있는 것이다.

당신이 올바르게 되어야 한다는 생각과 다른 사람을 위압하는 일을 기꺼이 포기하는 것은 대화하는 능력에 중요한 요인이 된다. 다른 사람을 유능하고 사려 깊은 사람으로 간주하면서 그들의 말을 경청할 때, 당신은 그들에게 전에 보지 못 했던 것을 보게 해줄 수 있다. 다른 사람을 하찮게 만드는 것이 아니라 위대하게 만들라 — 우리는 다른 사람과 일치하지 않을 때, 종종 그들을 하찮은 존재로 여긴다. 경청을 통해 힘을 부여하는 것은 다른 사람이 다른 관점에서 안전하게 시도할 수 있도록 하고 당신의 관점으로 변화시키는 데에도 필요한 공간을 만들어 낸다.

다른 사람과 접촉하기.

우리는 자주 자신의 정체성을 잃지 않으면서 통제력을 유지하기 위해 다른 사람을 피하면서 고립된 상태에서 살고 있다. 물론 친교, 접촉, 사랑을 필요로 하지만 압도되고 있다는 절박한 위협을 느낄 경우 우리는 접촉을 끊어버린다. 접촉을 피하기 위해 논쟁을 일으키면서까지 접촉을 끊어버릴 수도 있다. 우리는 싸우고 갈라선 후에 사랑과 인정을 받고자 한다. 그래서 다시 화해하고 잠시 동안 원상태로 돌아간다.

너무 바빠서 다른 사람에게 관심을 갖지 못 하는 것도 단절을 야기한다. 근심하고 낭패를 보거나 다른 사람을 잘못 이해하고 주위에 많은 사람을 머무르게 하거나 그들의 생각을 듣는 대신, 자신의 생각만 고집하는 것은 모두 단절시키는 방법들이다.

관계를 강화시키는 방법을 찾기보다는 묵묵히 우리의 길을 가면서 통제를 택하는 것은 쉬운 일이다. 다른 사람과 접촉하려면 우리는 상호관계의 가능성을 탐구하기 위해 자신에게 초점 맞추는 일을 멀리해야 한다. 상호간의 접촉을 이루기 위해 자신을 단련할 경우, 목적을 위한 시너지 효과를 낳게 될 것이다.

상호관계를 만들어내는 가장 좋은 방법은 다른 사람의 세상이 어떤 것인지 이해하는 것이다. 다른 사람의 요구사항, 관심사 및 결심한 것을 경청할 때, 그들의 입장에서 함께 동행할 때 다져지는 결속을 만들어내는 것은 쉬운 일이다. 공통성을 찾고 상대방이 서로에게 어떤 가치 있는 것을 기여할 수 있는지를 경청함으로써 관계는 더욱 강해질 수 있는 가능성을 갖게 될 것이다.

다른 사람이 갖고 있는 최선의 것을 이끌어내다.

1) 당신은 가족, 친구, 또는 동료들과 의견이 일치하지 않을 때, 그들에게 힘을 주는가 아니면 그것을 하찮게 여기는가?

2) 앞으로 30일 동안 의견이 일치하지 않는 사람에 대한 당신의 반응과 어떤 교류를 가졌는지를 일지에 기록한다. 대화의 등급을 1에서 10까지 매기되, 1은 상대방을 어리석고 잘못되거나 결함이 많은 사람으로 여기는 숫자이며 10은 유능하고 당신의 모든 존경과 사랑을 받기에 합당한 사람임을 의미한다.

3) 관점을 변화시키는 것은 당신의 관계에 어떤 영향을 미치는가? 그들의 솔직함은 당신에게 어떤 영향을 미치는가?

관계를 형성하다.

1) 모든 대화에서 상대방의 입장이 어떤 것인지 이해하도록 한
   다. 다른 사람의 관심사와 각오를 경청한다. 이것은 관계에
   어떤 영향을 미치는가?

2) 그들의 관심사와 결심한 내용을 아는 것은 당신의 행동에 어
   떤 영향을 미치는가? 그것은 또한 그들이 어떤 사람이며 왜
   그렇게 행동을 하는지를 어떻게 더 잘 이해하도록 해주는가?

3) 상호관계를 위해 경청한다. 당신은 관계를 향상시킬 수 있는
   어떤 공통점을 갖고 있는가? 당신의 의견차이는 어떻게 당신
   모두에게 영향을 미치는가?

4) 당신은 어떤 면에서 다른 사람과 단절되어 있는가? 그런 경
   우가 생길 때마다 일지에 기록한다.

5

돌파구를 찾기 위해 경청하기

사람들은 자신의 경청 방법으로 통찰력 있는 사고방식을 갖거나 거기에서 돌파구를 찾지 못할 때, 별로 성장하지 못 한다. 우리는 일반적으로 동의하느냐 그렇지 않느냐의 관점에서 다른 사람의 말을 경청한다. 이러한 제약은 우리가 생각을 전개하는 절차에 굳게 뿌리를 내리고 있다. 우리가 다른 사람의 말에 동의하거나 동의하지 않는 관점에서 경청할 때, 그 범위를 크게 벗어나지 않는다.

다른 사람이 말하고 있는 내용에 동의할 경우, 우리는 이미 그 말이나 갖고 있는 의미를 알고 있을 가능성이 높다. 말하고 있는 것에 동의하지 않을 경우, 우리는 그것을 별로 가치 없는 일로 보고 무시해 버린다. 사실상 우리는 말하는 내용을 더 듣지 않고도 마음 속으로 논쟁할 준비를 하고 있는 것인지 모른다. 이러한 관점에서 볼 때, 경청한다는 것은 새로운 지식은 거의 얻는 것이 없지만 심리적으로는 큰 보상을 받게 한다. 그것은 우리 자신을 올바르게 여기도록 만들고 자신이 옳다는 생각에 빠지게 된다.

그 결과, 우리는 계속 동의하거나 동의하지 않는 관점에서 경청하게 된다. 그 동안 우리는 모든 가능성을 닫아버린다. 우리가 모르는 사실의 영역을 탐구할 때, 생각 안에서는 돌파구가 열릴 것이다. 무지라고도 불리는 이 영역은 우리가 계발하고 확장할 가능성이 있는 것에 대해 큰 몫을 차지할 것이다.

우리가 아는 것과 모르는 것의 영역을 비교해 보면 그것은 아주 작은 것이다. 그것들은 말하는 내용과 동의하거나 동의하지 않으면서 경청하는 것과 완전히 일치한다. 제 3의 영역 그리고 당신이 모르는 더 큰 영역에 접근하는 것은 동의하거나 동의하지 않으면서 경청할 때, 그리고 경청하는 방법을 통찰력을 얻기 위한 것으로 전환시킬 때 오게 된다.

힘을 부여하는 이 경청 방법을 습득하기 위해 당신은 자신이 옳다고 여기는 태도를 기꺼이 포기하고 그 대신 새롭고 확대된 가능성이 나타나도록 경청해야 한다. 의도적으로 새로운 가능성에 동의하거나 동의하지 않음으로써 자신이 옳다는 생각을 한다는 것을 인식하고 새로운 가능성의 경청 방법을 선택하는 것은 전에는 있는 것조차도 깨닫지 못 했던 새로운 미지의 영역을 발견하는 결과를 가져올 것이다.

지식의 세 가지 영역

마이크 스미스와 브릿지퀘스트사에서 발췌

당신이 모르는 것

당신이 아는 것
그리고
당신이 모르는 것

(네모 안에서
생각함)

당신이 모른 것

(무한한 가능성의 영역은
우리가 거의 모르고 있음)

타개책을 찾기 위해 경청하다.

1) 모든 대화에서 새로운 가능성을 찾기 위해 경청한다. 네모 밖
   에서 생각하는 연습을 하라.
2) 당신이 다른 사람과 동의하는지 또는 동의하지 않으면서 경
   청하는지를 알아낸다.
3) 관찰한 내용을 일지에 기록한다.

6

의도한 결과를
이뤄냄으로써 자신이
결심한 것을
존중하기

우리는 자신이 무엇을 찾고 있는지 알고 있다. 그것들이 충분히
생활에 나타날 경우, 그에 대한 우리의 지각은 새로운 발견의 끝없
는 결과로 이어진다. 확대된 삶의 기술을 계발하는 문제에 이르게
될 때, 우리 자신을 발전시키고자 하는 의도는 전에는 눈에 보이지
도 않던 무수한 기회들을 가져올 것이다.

이러한 과정은 모든 사람의 삶의 질을 향상시키는 방법에 대한
풍부한 통찰력을 가져오면서 인간 관계에 대한 우리의 지각을 향

상시키고 그것들이 얼마나 쉽게 영향을 받는지 알게 해준다. 단순히 그런 일이 일어나기를 바라는 것에 반대하면서 절차에 대해 다짐을 하는 것에는 차이가 있다.

인생에서 우리가 원하는 것과 실제로 얻는 것에는 아무런 관계가 없다. 주변에 얼마나 많은 사람들이 물질을 원하고 있는지 살펴보라. 만 명의 사람들에게 부자가 되고 싶냐고 묻는다면 거의 일치하는 대답을 듣게 될 것이다. 사람들은 재물을 원하지만 대부분은 결코 그것을 얻지 못할 것이다. 세상은 우리가 무엇을 원하든 상관하지 않는다.

그러나 우리가 얻는 것과 경험하겠다고 결심하는 것 사이에는 관계가 있다. 결심이라는 것은 '어떤 대가를 치르더라도 행하라'고 하는 특성으로서 가치 있는 것에 시선을 고정시키게 하는 것이다. 결심에는 되돌아가는 일이 없다. 결심은 비교적 위태롭지 않은 사람에게는 스스로 나타내 보일 수 없는 새로운 가능성을 열어 보일 것이다.

이것을 대부분의 사람들이 어떻게 새로운 노력으로 접근시키는지 비교한다. 그들은 편리한 범위 내에서 기꺼이 이 일을 할 것이다. 결심의 편의에 관한 예비 지식이 갖는 문제는 문제가 생길 때, 분명해진다. 필연적으로 나타나는 문제와 더불어 최소한의 반대만 느끼는 길은 개인이 갖고 있는 느낌에 따르고 가장 편리한 것으로 보이는 일을 행하는 것이다. 이것은 대개 중단을 의미한다. 그것은 대부분의 사람들이 원하는 것을 얻지는 못 하지만 그 대신 편리함을 위해 전념하는 것을 얻게 된다. 이러한 자기 파괴행위의 패턴을 깨뜨리기 위해 삶이 결심과 느낌 사이에서 선택을 강요할 때, 당신은 단순히 원래의 결심으로 되돌아가고 그 결심을 유지하게 되는 것이다.

성공이란 위태로운 것 주변에 있는 분명한 것을 요구하며 무엇인가를 하겠다고 결심하는 것이다. 그런 다음 좋든 싫든 그것을 행하는 것이다.

결심을 존중하는 습관을 키울 때, 인생은 새로운 방향을 택하게 된다. 목표를 향한 의도적이고 초점을 맞춘 행동은 앉아서 소망이 이루어지기를 바라는 것으로 대체시킨다. 성공을 거두는 사람은 그렇지 못하는 사람이 하지 않는 것을 기꺼이 한다.

결심을 존중하는 길에서 시작하고 신중하게 생활하도록 결정한다. 매 순간 당신 자신에게 이렇게 질문하라. "이 문제에 대해 내가 의도한 결과는 무엇인가?" 분명한 의도는 혼란을 줄이고 당신이 길을 잃는 일을 최소화해준다.

결심하는 힘을 기르다.

1) 다음 분야에서 기꺼이 성취하겠다고 결심할 신중한 목표 한 가지를 택한다.

· 관계

· 건강

· 재정

· 경력

2) 그것들을 성취하기 위해 어떤 명확한 행동을 취할 결심을 하
   겠는가?

3) 매일 아침 당신의 일지에, 위에 언급한 분야에서 당신이 의도
   한 결과가 어떤 것인지 기록한다. 각 분야에서 당신이 세운
   목표에 접근하기 위해 어떤 조치를 취할 것인가?

7

설득력 있게 다른 사람에게 영향을 미치는 방법

> 배워야 할 어려운 진리 가운데 하나는 참된 변화란 우리가 지니고 있는 이미지 안에서 일어난다는 것이다.
>
> 토마스 무어
> *19세기 아일랜드 시인, 풍자가*
> *작곡가 및 음악가*

설득과 영향력으로 대화를 이끌기 위해 다음 절차를 사용할 수 있다. 이러한 원칙을 신봉하는 것은 관계 개선을 통해 통로를 열고 결속을 이뤄낸다. 이것은 또한 상호이익을 위해 진보적인 행동을 가져온다.

성공적인 세일즈 프리젠테이션을 하든 확고한 비즈니스 관계를 위한 기반을 만들든 또는 전체적으로 의사소통을 강화하든 원칙은 다소간의 차이는 있지만 어디서나 적용된다.

첫째, 관계를 개선함으로써 대화의 통로를 열고 신뢰와 상호관계를 수립한다.

신뢰는 관심 있는 분야에 대해 다른 사람에게 자신 있게 말하는 것으로부터 온다. 여기에는 가족, 직업, 취미, 열정 또는 그들이 살고 있는 지역과 같은 주제가 포함될 수 있다. 어떤 사람을 알고 그들의 세상이 어떤 것인지 진지한 마음으로 발견하는 것은 그들의 요구사항을 이해하는 첫 번째 단계가 된다. 그런 다음에야 당신은 귀를 열고 경청할 수 있으며 뭔가 가치 있는 것을 기여할 수 있다. 당신은 다음과 같은 말로 대화를 시작할 수 있다. "자신에 대해서 말씀 좀 해주시겠습니까?"

일단 다른 사람의 삶의 일부지만 그것이 어떤 것인지 이해하고 그가 가치 있게 여기는 것이 무엇인지 이해하고 나면 당신은 상호관계를 수립하거나 당사자에게 도움이 될 만한 공통점을 가질 수 있다. 관계를 수립하고 상호 이익을 추구하기 위한 출구를 만들어내는 것은 신뢰를 만들어내는 첫 단계다. 신뢰의 기초는 경청의 통로를 만들고 다음 단계에 이르는 대화의 장을 설정해준다.

다음에 그들의 삶에서 중요한 것과 빠진 것이 무엇인지 알아낼 수 있도록 허락을 받는 것이다. 가능성을 찾아내기 위해 허락을 얻는 것은 사생활 침해로 인식될 수도 있지만 가능성을 위한 상호간의 대화로 전환시킬 수도 있다. 당신은 누군가가 가치 있게 여기고 있는 것이 무엇인지 모를 경우, 그들에게 어떻게 영향을 미칠 수 있는지 알 수가 없다.

그들에게 허락을 요청하는 이유가 그들을 더 잘 알기 위해서라는 사실을 알게 하라. 세일즈 프리젠테이션은 뭔가 제공할 것이 있는 것처럼 보이게 하라. 새로운 예비사업자를 만날 경우, 그 사람이 찾고 있는 것을 당신의 회사가 제시해 줄 수 있는 것처럼 보이게 할 수 있다. 처음 만나는 사람과 이야기를 나눌 경우, 그들과 나눌 수 있는 공통의 관심사가 당신에게 있는 것처럼 할 수 있다. 그들을 더 잘 알도록 요청하는 이유를 인지시키는 것은 그들을 더 편안하게 해주면서 당신의 각오를 듣게 해준다.

그들에게 당신의 각오를 다른 방법으로 말하라.

다른 사람에게 영향을 줄 수 있는 통로를 마련하기 위해 그들에게 도움을 줄 결심이 서 있다는 것을 알게 하라. 함께 상호이익을 밝혀내기 위한 절차를 탐구하겠다는 당신의 관심을 전하라. 당신의 각오를 다음과 같이 말할 수 있다. "내 의도는 당신과 더불어 가능성을 탐구할 때 오는 상호이해 또는 이익이 있는지 알아보는 것입니다. 나는 어떤 방법으로든 당신의 노력을 도울 수 있는 각오가 되어 있습니다."

행동을 격려하는 풍부한 가능성을 만들라.

사람들은 그들이 더 살펴보고 싶은 가치 있는 것을 당신이 제공할 경우, 당신이 제안하는 것에 등록할 것이다. 그들이 당신과 함께 가능성을 탐구하는 것에 관심이 없을 경우, 당신에게는 아직 만들어내지 않은 풍요로운 가능성이 있다는 사실을 알려라. 이러한 판단을 택하라. 그것은 반드시 참되다는 이유에서뿐만 아니라 성취하고자 하는 결과에 대한 책임을 지도록 힘을 부여해주기 때문이다.

행동을 앞으로 전진시키도록 요청하라.

강력한 요구를 하기 전에 그 사람에게 중요한 것이 무엇인지 알았을 것이다. 상호이해로부터 나오는 것으로서 당신이 해야 할 말이 무엇인지 이해했을 것이다. 당신의 요청은 의도한 결과에 더 가까이 접근하도록 해줄 것이다. 당신의 대화가 요청한 것을 수락 받는 기반을 만들었으므로 사람들을 설득해 당신의 요구에 응하도록 만드는 더 좋은 기회를 갖게 된 것이다.

당신의 행동은 다른 사람을 그대로 놔두는 것에 근거하고 초점을 맞추는 성실함이었다. 당신이 만들어낸 정중한 에너지로부터 가능한 것이 무엇인지 알아보기 위해 사람들은 당신과 파트너가 되고 싶어하는 힘을 얻게 된다. 당신은 성실함을 통해 그들에게 영향을 주었으며 다른 사람들로 하여금 가능하면 당신과 함께 일하고 싶어하도록 만드는 설득력을 갖고 있다.

설득력 있게 다른 사람에게 영향을 주다.

1) 제언된 절차에 따라 다른 사람에게 영향을 주도록 연습한다.

　계획한 것을 일지에 기록한다.

2) 그 후에 얻은 통찰력이 있으면 일지에 기록한다.

8

강력하게 요구하기

> 천둥은 근사하고 인상적이지만 실제로 힘을 미치는 것은 번개다.
>
> 사무엘 클레멘스
> *마크 트웨인으로도 알려진*
> *미국의 작가 및 해학가*

힘에 접근하기 가장 쉬운 방법은 사람들이 움직이도록 강력하게 요구하는 것이다. 앞으로 나아가게 함으로써 당신은 다른 누군가를 도와주고 다른 방법으로는 결코 성취할 수 없는 어떤 것을 이루도록 사람을 움직이게 하는 통찰력을 갖게 된다.

대부분의 사람들은 정보가 행동의 근원이라는 잘못된 생각을 갖고 움직인다. 상황을 앞으로 나아가게 하는 행동을 수반하지 않는 정보 그 자체만으로는 아무런 결과도 얻어내지 못 한다. 요구야말로 행동을 만들어내는 대화다. 따라서 요구가 사람과 상황을 앞으로 움직여 나가게 한다면, 결과를 생산해내기 위해 더 자주 정기적으로 그렇게 하면 어떻겠는가?

1. 우리는 요구한 것이 거절당할까봐 두려워하는지도 모른다. 거절당할 수 있다는 가능성 때문에 우리는 바위 뒤로 몸을 숨기게 된다. 데이트 신청이 한 예가 될 수 있다. 당신은 그 사람과 만나고 싶지만 거절당할지도 모른다는 성가신 잔소리가 당신을 마비시킬 수 있을 것이다. 거절당할 것이라는 가능성으로부터 자신을 보호하기보다는 그 사람을 만나야겠다는 결심이 더 강할 경우, 당신은 문제를 터뜨리고 말 것이다. 만약 반전된다면 당신은 결코 대답이 '예'였으리라는 것을 몰랐을 것이다.

2. 우리는 강력히 요구함으로써 변화를 가져오기보다는(나쁜 것을 보는 것이 아니라) 좋은 것을 보고자 할 것이다. 자신에게 초점이 맞춰져 있을 때, 당신은 다른 이에게 영향을 미칠 수 있는 능력을 자신을 보호하고 위안을 얻는 것으로 바꾸게 된다.

3. 우리는 어떤 요구를 해야 할지 또 결과를 가져오기 위해 어떤 일을 해야 할지가 확실치 않다. 따라서 의도한 결과를 만들어내기 위해 어떤 요구를 할 것인지 결정하기보다 아무 일도 하지 않은 채 최선의 것만을 희망한다.

4. 우리는 요구가 관철되도록 하는 기술이 부족하다. 우리의 요구가 이기적인 동기에서 비롯되거나 혹은 다른 사람들의 관심사에서 비롯된 것이 아닐 때, 그 요구는 관철되지 않는다.

우리의 요구가 관철되게 하는 한 가지 방법은 요구를 할 때 약속을 하는 것이다. "나는 당신이 어떤 일을 하든 그 일을 하기만 한다면 나도 이것을 하겠다고 약속하겠소." 당신의 요구가 관철되게 하는 것은 하고자 하는 말의 서두를 어떻게 여느냐에 달려 있다. 말하는 상대에게 당신의 결심을 말함으로써 요구가 경청될 수 있는 분위기를 만들고 그 요구 뒤에 숨어 있는 이유를 알도록 한다. 예를 들면 다음과 같이 말하는 것이다. "당신이 효율적인 사람이 되도록 돕겠다는 각오를 갖고 당신이 기회가 있을 때마다 나에게 상황에 영향을 미칠 수 있도록 해달라고 매일 적어도 세 번씩 요청해 줄 것을 요구합니다."

효과적인 요구를 하려면 요구를 충족시키기 위해 해야 할 일이 무엇이며 언제까지 그 요구가 이루어져야 하는지 분명하게 해야 한다(예 : 다음달 1일까지 개인 발전 코치를 고용하도록 요구한다).

언제든 요구를 하게 되면 요구를 받은 사람은 네 가지 옵션을 갖게 된다.

첫째, 요구를 받아들인다.

둘째, 요구를 거절한다.

셋째, 요구를 받아들이든 거절하든 언제까지 그에 대해 대답하
겠다고 약속한다.

넷째, 다른 가능성을 제시한다.

요구를 거절할 경우, 요구한 사람에게 모든 것을 맡겨라. 가능하
면, 모두에게 유익이 되는 대체 의견을 제언한다.

강력한 요구를 하기 위한 연습.

1) 요구가 관철되도록 적어도 매일 세 번 조치를 취한다. 요구가
   관철되도록 경청할 수 있는 분위기를 만들고 요구할 때마다
   기일을 정한다.

2) 요구한 결과를 일지에 적는다.

9

다른 사람을 지지하기

> 당신이 하는 일에 사람을 끌어들이고자 하면 먼저 그 사람에게 당신이 진정한 친구라는 것을 확신시켜라.
>
> 에이브라함 링컨
> *미국 제16대 대통령*

개인적인 힘을 더욱 완전히 이해할 때, 당신은 다른 사람에게 영향을 미칠 수 있는 자신의 능력에 대해 깨닫게 된다. 변화를 일으킬 수 있다는 사실을 아는 것은 당신이 매일 세상에 뭔가 기여할 기회를 갖고 있다는 것을 깨닫게 해준다.

다른 사람에게 영향을 미칠 수 있는 방법 중 하나는 그들이 전에 본 적이 없는 가능성을 알아차리고 거기에 한발 들여놓을 수 있도록 지지하는 것이다. 다른 사람이 매일 더 나아지도록 격려함으로써 그들로부터 최대치를 이끌어 내는 것이다. 그렇게 하기 위해선 그들에게 그 사실을 인식시켜야 한다. 그들이 갖고 있는 몇 가지

고귀한 성품을 알려줌으로써 당신은 그들을 위해 만들어 놓은 가능성에 발을 들여놓도록 한다. 당신은 그들을 위해 만들어 놓은 것에 대한 선언으로 이렇게 인정하는 말을 할 수도 있다. "나는 당신이 개인적으로 성장하고 자신에게 초점을 맞추는 일에 용기를 보여준 것을 알고 있습니다. 당신에게는 다른 사람에게 영향을 미칠 수 있는 가능성이 있습니다."

그 사람을 인정하는 것을 통해 당신은 가치 있는 자질을 깨닫고 그들이 자신의 존재를 넓히는 데 도움을 주는 가능성으로서 그것을 전해줄 수 있다. 효과를 거두지 못 하는 것을 들춰내기보다는 이미 효과를 거두고 있는 것으로 그들에게서 당신이 보고 싶어하는 것에 초점을 맞춘다. 그들에게서 당신이 보는 가능성을 그들이 채택할 수 있는 이미지로 말해준다. 그렇게 함으로써 당신은 그들이 자신의 탁월함을 깨닫는 데 한 걸음 더 가까이 다가가도록 고무하게 될 것이다.

다른 사람이 훌륭한 점을 성취하도록 지원하는 당신의 능력을 활용한다.

1) 인정하고 힘을 북돋을 수 있는 긍정적인 능력을 다른 사람에게서 찾아본다.

2) 매일 적어도 세 사람에게 그들이 지닌 탁월함에 기여할 수 있는 자질을 인정하고 이러한 성품을 발전시키도록 고무한다.

3) 당신이 관찰한 내용과 통찰력을 일지에 기록한다.

10

자신의 뛰어남을 유지하는 판단력 지니기

> 지혜가 성장하는 것은 비통함을 감소시키는 것으로 측정될 수 있을 것이다.
>
> 프레드리히 니체
> 독일 철학자, 시인 및 비평가

우리의 과거가 불완전할 경우, 효과적인 대인관계를 이루지 못할 뿐만 아니라 대화를 나눌 때도 힘을 쓰지 못 한다. 계속해서 우리의 관심을 요구하고 에너지를 소모시키는 과거의 관계나 경험은 현재의 행복에 초점을 맞추는 일을 어렵게 만든다. 우리가 늘 지니고 다니는 불완전한 과거는 우리의 일상생활에서 일어나는 많은 다툼의 근원이 된다. 그것들은 삶을 망치고 새로운 가능성을 최대화하는 일을 방해한다.

과거 속에 산다는 것은 우리가 인간 조건의 일부로 종종 오해하는 기계에 연료를 공급해 준다. 우리는 자신이 내리는 판단과 더불어 주어진 상황에서 실제로 일어나는 일들에 대해 혼란을 가지고 있다. 우리가 만들어낸 것으로부터 일어나는 일을 분간하지 못 하면 부정확한 가정 하에 일을 하게 된다. 이러한 정황은 우리가 세상을 그러한 시각으로 보게 하는 필터의 역할을 하게 된다. 이러한 여과장치를 거친 미래에 대한 견해로부터 우리가 당면하는 모든 경험은 필터를 강화하고 첫 단계에서 우리가 내리는 판단에 힘을 부여한다.

다음의 예를 유의하자. 짐과 밥이라는 두 친구는 매일 각각의 직장으로 가는 도중 마주친다. 짐이 매일 손을 흔들면서 "안녕, 밥." 이라고 말하면 밥도 "안녕, 짐."이라고 대답한다. 짐과 밥은 매일 이런 인사를 나눈다.

어느 날 그들이 서로 지나쳐 갈 때, "안녕, 짐."이라며 밥이 손을 흔들었다. 짐은 인사는 받지 않고 아래만 내려다보고 걸었다. 이것을 보고 밥이 생각했다. "아내 말이 맞아. 짐은 우리가 새 집을 산 것을 질투하는 거야. 요 몇 년 동안 그가 행복하다고 생각했는데 아무튼 아무도 그를 필요로 하지 않을 거야. 내가 뭔가 보여줘야겠어!"

다음날 그들이 서로 가까워지자 밥은 짐을 피해 길을 건너기로 했다. 짐은 밥이 자기를 피하는 것을 보고 생각했다. "자식, 요 몇 년 동안 서로 잘 안다고 생각했는데 날 이렇게 대하다니. 뭔가를 보여줘야지."

그 다음날 예전의 두 친구는 서로 가까이 다가가면 고개를 돌리고 상대방을 무시했다. 이제 그들은 서로에게 모르는 사람이 되었으며 문제거리로 등장했다.

상황이 이렇게 분명해지자 그날부터 밥과 짐은 서로를 무시할 뿐만 아니라 가족과 함께 사회 생활에서의 접촉도 피했다. 이러한 일이 계속되자 두 가족의 나쁜 감정은 다른 친구들에게 서로에 대한 험담까지 하면서 커졌으며 점차 다툼으로까지 이어졌다.

밥이 손을 흔들었지만 짐이 대꾸하지 않던 첫날로 돌아가보자. 밥은 짐이 아내와 말다툼을 하고 나왔다는 것을 깨닫지 못했다. 집을 나서면서 그는 계속 그 생각만 하고 있었다. 그러나 밥은 짐이 자신에 대한 질투 때문에 그를 무시한다고 생각했다. 그것은 과거에 이야기된 적이 있는 일에 근거해 상황을 잘못 판단한 데서 비롯된 일이었다. 밥은 이렇게 새롭고 비뚤어진 현실로 세상을 바라보고 있었다.

그의 행동은 그가 사실이라고 판단한 것과 일치했다. 또한 새로운 태도와 일치하는 반응을 불러일으켰다. 그들의 관계는 아래로 곤두박질쳤다.

우리는 너무나 자주 부정적이거나 힘을 빼앗는 판단 때문에 사실을 혼동한다. 그런 다음, 사실이라고 믿는 판단과 일치하는 행동을 하게 된다.

일어난 일이나 그와 관련된 실제 사건들을 분리하는 일과 그 사실들에 대해 내린 어떠한 판단도 삶의 질을 광범위하게 향상시킬 수 있다. 우리의 판단은 우리를 분노, 슬픔 또는 두려운 기분으로 몰아넣을 수 있다. 마이크 스미스는 이 기분이 중독성이 있는 것이라고 지적했다. 우리는 분노, 슬픔 또는 두려운 느낌을 좋아하지 않는 것으로 생각하지만 우리의 기분은 이미 그것에 익숙해 있다. 그것은 많은 결과와 더불어 올 수 있다. 또한 우리를 옳은 사람으로 만들고 다른 사람은 옳지 않은 사람으로 만든다. 그것은 상황을 지배하게 하고 지배받는 것을 피하게 한다.

우리는 항상 뭔가를 판단한다. 그렇다면 당신은 인간관계에서 당신과 다른 사람에게 힘을 주는 뭔가를 만들어보지 않겠는가?

당신은 늘 선택해야 한다. 자신에게 물어 보라. "실제로 일어나고 있는 사실 주변에 있는 것들은 무엇인가?" 그런 다음, "삶에 도움을 주는 이러한 사실들에 대해 내릴 수 있는 판단은 무엇인가?" 당신의 판단은 결코 그에 결부되는 분노, 두려움 또는 슬픔의 감정을 갖지 않을 것이다.

이것은 결코 조종할 수 있는 것이 아니다. 판단으로부터 사실을 분리해내는 일에 대한 책임을 잊는 순간 당신은 다시 곤경에 처하게 된다. 다른 사람이 당신으로 하여금 책임을 회피하게 하거나 분노, 두려움 또는 슬픈 기분을 갖도록 하는 것보다 자신이 옳다고 여기는 판단을 내리는 일이 항상 더 흥미진진하다.

삶이 제 구실을 하고 관계가 강화되도록 하기 위해서는 당신이 내리는 판단을 정확하게 관리하라. 이 원리에 숙달되면 삶의 질을 극적으로 변화시킬 수 있다. 당신은 자신의 판단을 잘 관리함으로써 당신이 되기로 한 사람이 되도록 변화시킬 수 있는 힘을 갖게 되는 것이다.

자신에게 도움이 되지 않는 판단을 내리기.

지금까지 우리는 힘을 부여하는 판단을 내리는 방법에 대해 살펴보았다. 지금부터는 사람들이 왜 행복과 인간관계에 도움이 되지 않는 판단을 내리는지에 대해 살펴보기로 한다. 우리는 분노, 슬픔 또는 두려움 등 중독성을 갖고 있는 기분에 자신을 빠뜨리는 판단을 내릴 때 얻게 되는 대가에 대해 다루었다. 그것들은 우리를 옳다고 여기게 하고 다른 사람을 옳지 않게 만든다. 그것들은 우리로 하여금 다른 사람을 지배하게 하고 지배받는 일을 피하게 한다. 그것들은 일반적으로 정당성이 없는 행동을 정당화시킨다. 자신과 다른 사람과의 행동에 대해 책임을 지지 않게 한다.

이러한 대가는 본질적으로 중독성이 강하기 때문에 우리가 다른 사람보다 낫다고 여기는 판단을 내리고자 하는 유혹은 대단히 강하다. 이 자멸적인 판단이 우리에게 대가를 치르게 한다는 것을 깨달음으로써 우리는 하강 부분을 완전히 알 수 있는 것이다.

올바르게 되고 다른 사람을 지배하는 가장 큰 대가는 관계다. 일반적으로 가장 가까운 사람들을 위해서는 사랑과 친밀함을 희생한다. 우리가 관계, 건강 등에 대한 책임을 피함으로써 복리와 활력은 고통을 겪는다. 우리는 행복과 자기 표현을 짧은 기분과 맞바꾼다. 결국, 판단을 내리는 것은 다른 무엇보다도 우리에게 삶과 삶의 목적을 요구한다.

기분을 관리하는 것은 부정적인 판단으로부터 생기는 분노, 슬픔 또는 두려움의 기분을 느낄 때 알게 된다. 그런 다음, 기분에서 생겨난 판단으로부터 일어난 일(사실)을 분리해내는 것이다. 당신의 관계에 도움이 되는 기분과 상관없는 판단을 선택하도록 한다.

이 주제에 대한 마이크 스미스의 뛰어난 업적을 생각해 보라. 기분과 판단이 어떻게 당신의 삶을 움직이는가에 대해 좀더 깊이 알고자 하면 '프리덤 코스(Freedom Course)'에 참석해서 한번 그를 만나 보라.

당신에게 도움을 주는 판단으로 방향을 돌림으로써 삶에 힘을 부여한다.

1) 혼란을 일으킬 만한 가능성을 지닌 모든 상황에서 자신에게 다음과 같은 질문을 해본다.

· 무슨 일이 일어났는가?

· 무엇이 사실인가?

· 그 사실에 대해 어떤 결정을 했는가?

· 당신의 관계와 일치하지 않는 판단은 어떤 것인가?

· 삶을 향상시키기 위해 힘을 부여하는 어떤 판단을 내릴 것
  인가?

  관찰한 내용을 일지에 적는다.

2) 당신을 지배하는 기분은 어떤 것인가? (그것은 일반적으로
   분노, 슬픔 또는 두려움 등이다.) 당신이 자신의 기분을 느낄
   때마다 그것을 인식하고 그 상황을 일지에 기록한다.

3) 당신은 자신의 어떤 분야에서 무엇인가에 대해 자신이 옳다
   는 주장을 하는가?

4) 당신은 자신의 건강, 꿈 그리고 관계의 관점에서 어떤 대가를
   치르고 있는가?

5) 1부터 10까지, 10을 가장 강한 결심으로 보고 당신은 삶이
   제대로 움직이도록 하기 위해 자신을 옳은 사람으로 만드는
   데 필요한 사항을 얼마나 포기하겠다는 결심을 했는가?

6) 파악한 내용을 일지에 기록한다.

11

약속을 하고
결심한 것을 지키기

우리 문화권에서는 약속이나 결심이 사실상 의무를 지고 있다는 느낌을 갖고 있다. 약속에는 반드시 도덕적인 판단이 뒤따른다. 약속을 지키지 않을 경우 어떻게 될까? 다른 사람들이 어떻게 생각할까? 나는 자신을 어떻게 바라볼 것인가? 그것은 우리에게 도움이 되든 되지 않든 올무가 되거나 의무적인 강제 조항이 된다.

약속을 하는 것에 대한 이러한 교육의 결과로 우리는 마지못해 스스로 결심하게 된다. 약속이란 속박이 되어버린다. 만일 약속을 지키지 않는다면 나는 나쁜 사람이나 거짓말쟁이로 보일 것이다. 이러한 시각에서 본다면 약속은 우리에게 강력한 결심을 할 여지를 주지 않는다. 만일 그의 상황이 변한다면 어느 누구도 그의 뜻에 자진해서 속박을 받으려 하지 않을 것이다. 우리가 결심한 것이 더 이상 우리를 도와주지 않을 경우 약속에 대한 책임을 취소할 수 없다면 약속은 아무런 힘도 갖지 못한다.

당신이 무엇인가 성취하도록 힘을 주는 결심은 올림픽 선수가 금메달을 따기 위해 온 힘을 다하겠다고 결심하는 것과 같다. 실제로 선수가 메달을 얻든 얻지 못 하든 최선을 다하겠다는 약속의 가치를 떨어뜨리지는 못 한다. 약속이 당신에게 행동할 수 있는 힘을 주지 못 한다면 그것은 크게 가치가 없을 것이다.

당신이 결심을 했으나 그것이 더 이상 당신에게 도움이 되지 못 한다면, 현재 당신에게 도움을 주는 것은 무엇이며 무엇이 바뀌었는지 알아본다. 그것이 효과를 내기 위해 참여시켜야 할 것이 무엇인지 찾아본다. 당신이 앞서 약속한 것을 취소한 데 대한 책임을 진다. 지금 당신이 기꺼이 책임을 지고 그에 따라 행동하고자 하는 것에 대해 진실을 말해본다.

삶은 사람들이 약속하는 정도에 따라 움직여진다는 것을 기억하라. 나는 약속을 하는 것에 대해 부주의하거나 무책임한 시도를 하는 것을 지지하지 않는다. 존중할 의도가 없는 결심을 하는 것은 다른 사람과의 관계에서 당신에게 도움을 주지 못 한다.

약속하기.

1) 결심을 하는 것에 대한 당신의 관계를 살펴본다. 당신은 어떤
   분야에서 약속했으나, 그 약속이 더 이상 아무런 도움도 주지
   못 하면서 해야 하는 의무처럼 남아 있는가?

2) 당신은 이전에 하겠다고 결심한 것을 변경한 것에 대해 책임
   을 지기 위해 무엇을 할 수 있는가?

3) 결심을 변경시킨 것에 대한 어떠한 책임이라도 지기 위해 당
   신이 해야 할 일은 무엇인가?

4) 당신은 행동할 수 있는 자유와 더불어 힘을 주는 어떤 새로운
   약속을 할 수 있는가?

12

자신이 결심한 것에 따라 행동할 용기 지니기

사람들이 목표와 꿈을 성취하지 못 하는 가장 큰 문제 가운데 하나는 순간적인 편리함에 따라 행동하는 경향이다. 이러한 태도는 당신이 자신을 어떤 존재이며 무엇을 하고 있는가에 대한 근원이 되게 하기보다는 현재의 상황에 자신을 맡기는 것이다. 자신의 탁월함에 대한 근원이 되겠다는 결심은 결정을 해야 하는 순간에 옳은 일을 하고 자신을 믿겠다는 것을 의미한다. 당신은 상황에 따라 가장 편리하게 행동하는 것이 아니라 원칙에 따라 행동하겠다고 결심해야 한다. 이것은 자신과 다른 사람에게 정직하겠다는 냉혹한 결심을 요구한다. 당신은 어느 것이 더 중요한지 결정을 해야 한다. 자신의 성실함인가 아니면 쉬운 길을 택함으로써 오는 순간적인 정서적 상태인가.

　마이크 스미스는 이 결정에 있어서의 중요한 순간을 지도력의 Y라고 한다.

편리한 것을 택함	다른 사람을 위해 공헌함
쉬운 길을 택함	옳은 일을 행함
자신이 좋아하는 것을 행함	자신의 결심을 존중함
좋은 것을 바라봄	진실을 말함
다른 사람들로부터 인기를 얻음	책임을 짐
다른 사람의 이름을 팔다	다른 사람의 이익을 위해 행동함
안전하게 행동함	
다툼을 피함	

변화를 가져옴

X 당신이 있는 위치

당신은 어느 길로 가겠는가?

옳은 길을 택하는 결정은 새로운 상황이 생길 때마다 해야 하는 것이다. 당신은 좋게 인식되고 쉽거나 안전한 일을 하는 것과 책임을 지더라도 개인적으로 자신이 누구인가 하는 것에 대한 결정을 존중하는 것 사이에서 선택을 해야 한다. 그것은 초점을 자신에게서 옮기고 자신의 각오에 따라 행동하며 다른 사람의 이익을 위해 일하는 것이다. 당신의 성공은 결정의 순간에 용기를 얻는 것과 관계가 있을 것이다. 이것은 결코 영원히 통제되지는 않지만 매번 또 다른 기회가 주어질 때마다 새롭게 선택해야 한다.

시간을 결정하고 결심에 따라 다시 행동할 때, 당신의 자기 신뢰는 증가할 것이다. 실수를 할 때, 자신을 용서하고 다음에는 더 잘하겠다는 결심을 하라. 당신의 개인적인 힘은 당신이 결심한 관점으로 행동하겠다고 하는 용기 있고 끝없는 선언으로부터 비롯된다.

자신과 다른 사람에 대한 결심을 실천한다.

1) 결정을 내리는 순간마다 가장 편리한 것을 택하기보다는 당신의 결심과 가치관을 존중하는 편을 택하겠다는 자각이 있어야 한다.

2) 당신의 일지에다 쉬운 길을 택하기보다는 당신의 결심을 존중하는 일에 대한 성과를 기록한다.

13

다른 사람과의 대화를 자제하기

우리는 일상생활에서 다툼, 의견차이 등을 경험하게 된다. 우리를 해치겠다는 위협으로부터 자신을 보호하는 한 가지 방법은 문제를 일으켜 우리를 다른 사람으로부터 분리시키는 것이다. 우리는 자연적으로 다른 사람보다 올바르고 우월하기를 추구하며 이득을 얻고자 한다.

우리는 우리의 생각, 다른 사람의 행동과 사랑을 억제함으로써 이 일을 하게 된다. 이 억제하는 행동은 마치 사람 사이에 박혀 있는 쐐기와도 같다.

마이크 스미스가 지적한 바와 같이, "억제하는 것은 기계의 스위치를 켜는 것이다." 우리의 생각을 억제하는 것은 우리의 관계에 손상을 입히고 생명력을 약화시킨다. 우리는 말하는 것과 말하지 않고 내버려두는 것으로 억제하는 것을 뒤덮는다. 말하지 않는 것으로 우리는 참된 느낌과 생각을 전달한다. 우리는 다른 사람의 마음에 상처를 입히는 것을 정당화하면서 우리의 생각을 말하지는 않는다. 참된 감정을 억제하는 것은 어떤 방법으로든 다른 사람을 옳지 않게 만듦으로써 해를 입힌다. 거짓말, 험담, 공박 등으로 다른 사람을 약화시키는 것은 우리에게 해를 입히는 것과 마찬가지다.

우리라고 하는 기계가 하는 역할은 실제적이든 가상적이든 모든 위협으로부터 보호하는 것이다. 관심이 모아지는 문제가 없다면 생각은 살아남기 위해 문제를 만들어낼 것이다. 억제된 생각과 느낌을 표현하기 위한 출구를 만들어 냄으로써 우리는 우리의 관계가 효과를 발휘하게 하는 것에 대한 책임을 행사하게 된다.

억제하고 있는 것들을 공개하다.

1) 당신은 누군가에게 분개하는 일이나 분노, 또는 말하지 않은 대화를 억제하고 있는가?

2) 당신은 어떤 분야에서 다른 사람보다 우위를 차지하기 위해 거짓말, 험담 또는 공박을 했는가?

3) 억제했던 대화를 풀어버릴 책임을 진다. 언제까지 그렇게 하겠는가?

14

원치 않는 상황 제거하기

고통 겪을 것을 두려워하는 사람은 두려움으로 인해 이미 고통을 겪고 있는 것이다.

몽테뉴
16세기 프랑스 수필가

불평을 하더라도 도움을 줄 수 있는 사람에게 하라.

유고슬라비아 속담

당신이 떨쳐버리기 위해 도망치는 삶의 상황들은 항상 당신 주위를 따라다니는 것과 마찬가지다. 피하고 싶어하는 바로 그 상황들을 당신이 끌어당기는 이유는 그것들을 거부함으로써 그것에 더 큰 관심을 기울이기 때문이다. 뭔가를 원하는 행위는 실제로 그것을 당신에게서 멀리 밀어내는 것이다. 뭔가를 원할수록, 그리고 원하는 것에 초점을 맞추고 있지만 그것을 갖고 있지 않을 때, 그것은 더 모자라게 된다. 원한다는 것은 부족하다는 것을 선언하는 것이다.

다이어트가 그러한 현상 가운데 하나다. 그들은 때때로 식사를 거부하거나 맛있는 음식에 숟가락을 가져가고 싶은 욕구를 가까스로 참는다. 그러나 우리는 거부하는 것을 지킨다. 다이어트하는 사람들은 자신을 과체중이라고 생각하기 때문에 다이어트가 장기간 지속되지 않는다. 그들은 균형 잡히고 멋진 몸매를 갖지 못한 것에 대한 책임을 지기보다 뚱뚱해지는 것을 거부하기 위해 끝없는 전쟁을 치른다. 매력적이고 활력이 넘치는 사람이 되기 위해 그것이 실현될 때까지 그러한 방법으로 자신을 바라보는 습관을 길러야 한다.

파트너에게 통제를 받는 것 역시 종종 거부당하는 또 다른 상황이다. 상대편이 통제 받는 것을 싫어할수록, 상황은 더 심각해진다. 통제를 받는 것이 당신을 혼란스럽게 할 경우, 그것을 피하려고 많은 시간을 사용하게 된다. 그 결과, 당신은 피하고 싶어하는 바로 그 일 즉, 통제 받는 것에 신경을 곤두세우게 된다. 아이러니컬하게도, 통제하겠다는 권리를 포기할 때, 당신은 다시 통제를 하게 되며 감정은 사라진다.

같은 논리는 다른 사람의 난처한 상황을 수습해 주고자 할 때도 적용될 수 있다. 어떤 사람이 난처한 상황에 처해 있는 것을 지켜보기 힘들 경우, 우리는 그 상황을 악화시킬 수도 있다. 우리가 거부하는 것은 지속된다. 캐롤 맥콜은 어떤 사람이 당신 때문에 화가 났을 때, 화난 원인의 99%는 화를 낸 사람에게 있으며 당신에게는 다만 1%의 책임이 있을 뿐이라고 말한다. 사람들에게 그들이 느끼는 기분에 빠지도록 공간을 마련해주는 것은 기분을 털어버릴 수 있는 자유를 제공하는 것이다.

파트너가 다른 사람보다 더 많은 관심과 애정을 요구할 경우에는 이와 똑같은 에너지가 창출된다. 더 많은 관심이 요구될수록, 주어지는 것은 더 적어진다. 어느 쪽 파트너든 떠나야 할 자유가 없다면, 머물러 있어야 할 자유도 없는 것이다. 책임, 포기 또는 습관 때문에 부부가 선택할 자유도 없이 머물러 있다면, 그들은 만족을 얻지 못할 것이다. 배우자가 떠나야 할 일에 대해 마지못해 많은 시간을 들여 생각해야 한다면, 머무르는 일에 생각을 집중시키는 자유도 부족한 것이다.

무엇을 선택한다는 것은 그 일을 성공시키는 열쇠가 된다. 반대되는 상황을 위한 여지를 남겨두지 않고는 어떠한 상황도 소유할 수가 없다. 누군가를 미워할 여지가 없다면, 그들을 사랑할 수도 없다. 모든 인생은 양분되어 있다. 우리가 감당할 수 없을 것이라고 생각했던 조건, 감정 또는 상황을 받아들이는 자유는 결국은 사라지게 될 원치 않는 상황을 위한 여지를 만드는 것이다.

자신의 존재를 거부하는 것만큼 당신은 제거하고 싶은 상황에

간혀버리게 될 것이다. 그러므로 거부하는 일을 중단하라. 결과에 집착하는 일을 멈춰라. 자신의 의지를 강요하거나 결과를 요구하는 권리를 포기하는 대신, 긍정적인 영향을 줄 수 있는 행동을 하겠다고 결심하라. 일어날 결과에 연연해하지 않고 결과를 얻어낼 수 있도록 결심하라. 자기 자신과 사랑에 빠지고 매 순간 당신에게 도움이 되지 않는 성품들을 관리하겠다고 결심하라.

우리는 모두 불평하고 싶은 상황에 처할 때가 있다. 우리는 이 상황들을 원치 않는다고 말하지만 어찌됐든 의식적으로나 무의식적으로 그 상황들을 붙들고 있는 것이다. 우리가 그것들을 붙들고 있는 이유는 그렇게 함으로써 어떤 보상을 받을 수 있다고 생각하기 때문이다. 당신이 원치 않는 상황을 붙들고 있는 것은 당신으로 하여금 뭔가에 대해 변명을 하려는 마음 때문이다. 또한 원치 않는 상황을 해결하기 위해 조치를 취한 것에 대해 책임을지고 싶지 않으려는 마음 때문이다.

원치 않는 상황을 사라지게 하는 열쇠는 그것을 벗어나고자 하는 마음뿐이다. 그에 대한 사실을 말하도록 결심한다. 그것을 제거하는 것에 대한 책임을 기꺼이 지고자 한다면 당신은 그렇게 할 수 있는 길을 찾게 될 것이다.

지속적이거나 원치 않는 상황을 끝내다.

1) 건강, 관계, 직장 및 재정적인 분야 등 당신의 삶에서 지속되고 있는 원치 않는 상황을 적어도 한 가지를 들어본다.

2) 당신은 무엇을 거부하는가? 당신은 이 상황을 제거하는 것에 대해 어떻게 책임을 지지 않는가?

3) 상황을 붙들고 있는 것은 어떻게 당신에게 변명이나 설명을 하게 하는가?

4) 구체적으로 날짜가 정해진 어떤 조건들이 당신에게 효과적으로 이 지속적인 상황을 말하게 하고 해결하게 하는가? 그렇지 않다면, 당신이 그것을 붙들고 있는 이유에 대한 진실을 말하고 그것을 감싸안고 불평하는 일을 멈추도록 하라.

15

지금 행복해지겠다고 결심하기

우리는 종종 자신을 불행하게 만드는 상황에 처하게 된다. 적어도 우리는 그렇게 생각한다. 즉, 우리의 불행은 자신이 처한 상황에서 기인한 것으로 보는 것이다. 일반적으로 우리는 자신의 상황을 통제할 수 없는 것으로 생각한다. 딱한 사정에 대해 생각할수록, 더욱 고통스러워진다.

고통스러운 인생을 유지하는 한 가지 확실한 방법은 자신과 자신이 갖고 있는 문제에 주의를 집중하는 것이다. 이것은 종종 치료가 효과를 거두지 못하는 이유가 되기도 한다. 당신을 치료하는 사람은 대개 당신이 자신에게 초점을 맞추도록 신경 쓴다. 결코 오해해서는 안될 것이 있다. 이 분야에 대한 조사는 문제를 해결하기 위해 필요한 요구와 조치를 취하게 하는 기본 자료로 사용될 경우, 유용한 것이 될 수 있다. 그러나 당신이나 자신의 끝없는 개인적인 문제에 초점이 맞추어져 있을 때, 그것들은 당신이 해결하고자 하는 그 문제를 붙들도록 하는 데 도움을 줄 뿐이다. 고통받는 일을 끝내고 싶다면 관심을 자신에게서 돌려 당신 밖에 있는 다른 것에 집중시키도록 하라. 자신이 누구인가를 알게 하는 새로운 과제나 계발 분야를 택하라. 다른 사람을 돕거나 성공시키겠다는 결심을 하라. 다른 사람의 탁월함을 후원하겠다고 마음먹어라. 가치 있는 사업이나 과제를 택하고 초점을 맞춰라. 그렇게 할 때, 당신의 사소한 문제들은 해결될 것이다. 당신이 인생을 오직 자신의 행복 추구에만 집중한다면, 결코 그 행복을 얻지 못할 것이다.

고통을 받는다는 것은 당신이 소유하고 있지 않는 어떤 것을 원하거나 원치 않는 어떤 것을 소유하고 있다는 것을 의미한다. 문제를 해결하기 위해 분명한 행동 조치를 취하지 않고 이 일에 관심만 집중시키고 있을 때 당신은 원치 않는 자신의 상황을 붙들고 있는 것이다. 희생자의 역할을 집어던지고 자신의 인생, 관계 및 복지에 대한 책임을 지도록 하라.

앞으로 어떤 사건이 일어나면 인생이 멋질 것이라고 생각하는 함정에 빠지는 것은 쉬운 일이다. 그것이 어떤 일이든 문제가 되지 않는다. 어떤 사람에게는 학교를 그만두는 것이 될 수도 있으며 또 다른 사람에게는 복학하는 것이 될 수도 있을 것이다. 어떤 사람은 결혼하면 행복이 찾아온다고 생각하지만 어떤 사람은 이혼할 때 비로소 행복해진다고 생각한다. 어떤 사람에게는 자녀를 갖는 것이 해답이 되기도 한다. 다른 사람에게는 자녀를 출가시키는 것이 행복이라고 생각한다. 상황은 가지각색이다. 이러한 상황에서 당신이 얻을 수 있는 행복은 늘 미래에 있다. 그러나 그 미래가 당신에게 다가오는 순간 그 빛은 광채를 잃고 다시 비참한 현실로 돌아오게 된다. 당신은 다시 미래의 어떤 사건이 행복을 가져다줄 것이라는 기대를 갖고 과거 속에 살고 있는 자신을 발견할 것이다.

당신의 행복을 미래의 사건과 관련짓는 대신 현재 처한 상태를 선언함으로써 행복해지겠다고 결심한다. 행복은 당신이 생각해 내거나 각오를 가지고 선언하는 것에 대한 판단이다. 이러한 선언에 따라 생활할 때 이런 사건들이 당신을 불행하게 만든다는 생각 대신 행복해질 수 있다는 관점에서 사건들을 판단하게 된다.

당신의 삶에 일어나는 모든 일은 어떤 방법으로든 당신에게 도움을 준다. 그것을 믿고 그 사실이 확실하다는 것을 믿어본다. 이러한 믿음으로 힘을 얻어 즐거움과 열정으로 가득 찬, 기대에 넘치고 행복한 삶을 고대하라.

행복을 창조하기.

1) 인생의 어떤 것들이 당신을 불행하게 하는지 알아본다. 당신은 자신과 자신의 관심사에 주의를 기울이고 있는가?

2) 행복해지겠다는 당신의 결심을 선언하라. 사건들을 어떻게
   판단하는지 유의한다. 행복해지겠다고 하는 결심을 적어도 5
   명에게 전하고 그들에게 당신이 그 결심으로부터 멀어지는
   것을 보게 되면 상기시켜 달라고 부탁한다.
3) 앞으로 150년 동안 삶이 가치 있도록 하기 위해 당신은 어떤
   목표, 동기, 결심 또는 비전에 초점을 맞추겠는가?
4) 당신은 삶에서 침체된 상황을 해결하기 위해 어떤 결정적인
   조치를 취할 것인가?

16

혼란 제거

당신은 언제든 자신이 혼란스러워지면 그 혼란의 원인이 무엇인지 살펴보라. 그렇게 하면 혼란을 벗어나기 위해 어떤 행동을 취하는 것이 적절한지 알게 되며 비슷한 혼란의 재발을 방지할 수 있다.

혼란은 당신을 혼란스럽게 만든 사람에게는 해당되는 경우가 적다. 아무도 당신을 혼란에 빠지게 할 수 없다. 오직 당신만이 그렇게 할 수 있다. 당신이 혼란스럽게 되는 이유는 일어난 어떤 상황에 대해 내리는 판단에서 비롯된다.

혼란의 원인을 밝혀냄 :

1. 충족되지 않는 것을 기대하고 있는지 확인한다. 당신이 정해 놓은 어떤 규칙이나 예전의 계약이 깨진 것이 있는가? 혼란에 빠진다는 것은 종종 실망의 결과이기도 하다. 어떤 일이 일어날 것이라는 기대도 없다면, 어떤 사람이 말하거나 행동하는 것에 의해 귀찮게 되거나 그들이 이루지 못한 것으로 인해 실망할 가능성은 훨씬 적다.

당신이 혼란스러울 때, 혼란을 일으키는 문제에 대해 분명한 사전 결심이 있었는지에 대해 자신에게 질문한다. 뭔가 빠져 있는 것이 있다면, 아마도 모든 당사자들이 했어야 할 일들이었을 것이다. 미래에 있을 잘못된 대화를 피하기 위해 당신이 요구할 것이 있는지 알아본다.

다른 사람에게 기여할 때, 그것은 자신을 돕는 일이기 때문에 당신이 그 일을 하겠다고 결정한 것인 만큼 그렇게 하도록 하라. 아무 것도 돌아오리라는 기대를 하지 말라. 다른 사람이 그것을 인식하든 또는 어떤 방법으로 보답을 하든 그것은 중요치 않다. 당신은 다른 사람이 말하거나 행동하는 것에 의해 영향을 받을 필요가 없다. 당신이 누군가에게 뭔가를 주는 이유가 답례를 기대하기 때문이라면, 사람들의 반응이 기대하는 것에 못 미칠 때, 당신은 실망하게 된다.

　개인적인 힘을 갖는다는 것은 다른 사람이 하든 하지 않든 결코 감정적으로 그것에 영향을 받지 않는 것을 의미한다. 자신의 감정과 행동에 대한 근원은 오직 자신뿐이다.

　2. 존중되지 않는 중요한 가치가 있는지 알아본다. 우리가 가장 중요하게 여기는 가치가 존중되지 않는다고 생각할 때, 분노하거나 침묵하는 경향이 있다. 혼란의 근원에 접근하기 위해 존중되지 않는 가치관과 그것들을 존중하는 상태로 돌아가는 데 필요한 일이 무엇인지 알아봐야 한다. 당신의 의사가 상대방에게 전달되면 누구나 만족을 느낄 것이다. 또한 마음속의 혼란을 제거하기에 충분한 일이 될 것이다.

　3. 전달되지 않은 대화 가운데 표현해야 할 말이 있는지 묻는다. 책임감 있게 말하는 행동은 종종 의사가 전달되지 않은 것으로부터 오는 울적한 감정을 제거해 줄 것이다. 당신은 다른 사람에게 자신이 처한 상황을 처리해 생활을 계속할 수 있도록 말할 수 있는 것 중에 무엇을 억제하는가?

　사건이나 사람에게 반응을 보이는 대신, 일어나는 모든 일이 어떤 면으로든 당신에게 도움을 준다는 견해를 갖도록 하라. 당신이 해야 할 일은 모든 상황이 당신과 당신의 상황에 어떻게 영향을 미치느냐 하는 것을 밝혀내는 것이다. 일어나는 모든 일은 흥미가 있으며 어떤 면으로든 당신에게 도움이 된다는 태도를 지니도록 하라. 함께 일하기 힘든 사장이든 다루기 어려운 배우자나 잠재적인 스트레스를 안고 있는 상황이든 모든 상황은 개인적인 발전의 기회라는 판단을 내리도록 하자. 그것은 새로운 원칙을 실천할 수 있는 기회가 될지도 모른다. 어떠한 순간에라도 당신이 어떻게 느끼는가에 대해 책임을 지도록 한다. 아무도 당신으로 하여금 어떤 생각을 하도록 만들 수는 없다. 자신을 관리하는 것은 당신 자신이다. 아무도 당신으로 하여금 슬픔, 분노, 좌절 또는 행복을 느끼게 하지는 못 한다.

대부분의 경우, 우리의 행동은 환경에 반응한다. 우리는 임박한 혼란을 폭발시킬 어떤 상황을 기다리는 낮은 단계의 혼란 가운데서 생활하고 있다.

이 감정의 폭발은 항상 우리가 생활 속에서 피하려고 하는 것으로부터 우리 자신을 보호해 준다. 혼란은 항상 혼란에 빠져 있는 사람의 문제이지 혼란을 야기시킨 것으로 생각되는 사람의 문제가 아니다.

혼란은 종종 과거의 일로 여겨진다. 모든 혼란의 근원은 대개 유년기에서 비롯된 근본적인 혼란까지 거슬러 올라가게 된다. 이것은 당신이 아무 곳에도 소속되지 않았거나 사랑 받기에 부당하다는 결정을 내리던 곳이었다. 혼란은 또한 대개 인생에서 당신이 피하고 싶어하는 존재로 느껴지던 때까지 거슬러 올라가게 된다. 당

신의 혼란은 이러한 가능성이 일어나지 않는다는 것을 확실하게
해준다.

4. 관련된 판단이나 견해로부터 사실들을 분리한다. 무슨 말을
하든 상관이 없다는 것을 알고 다른 사람이 어떤 말을 하더라도 당
신을 혼란스럽게 할 가능성이 없다는 것을 알게 하는 것은 참으로
대단한 힘이다. 열쇠는 다른 사람의 견해를 있는 그대로 받아들이
는 것이다. 당신은 그 때문에 감정이 상해서는 안 된다. '무엇이
견해인가'에서 '무엇이 사실인지' 분리하고 견해가 당신에게 영향
을 미치지 않게 한다. 당신은 다른 사람의 견해에 의해 움직이는
존재가 아니라는 것을 기억하라.

마지막 분석 단계에서 당신 자신에게 삶의 어떤 상황 위에 우뚝
설 수 있는지 질문한다. 설득력이 없는 사람이 되지 않겠다고 결심
을 하는 것은 일어나는 모든 일을 새로운 견해 즉, 혼란에 빠져 집
착하지 않은 견해로 바라보게 한다. 걱정거리를 만들어낸다는 자
동적인 반응으로부터 해방되는 능력을 키우는 것은 혼란에 빠지게
되는 습관적인 길로부터 자유롭게 선택할 수 있는 삶을 허락한다.

혼란을 제거하기.

1) 당신이 매일 경험하는 혼란스러운 상황을 일지에다 기록한
다.

2) 각 혼란의 근원은 무엇인가? 어떤 판단이 당신을 혼란에 빠지게 했는가? 당신은 혼란을 야기하지 않는 어떤 새로운 판단을 창출해낼 수 있는가?

3) 당신은 효과적으로 필요 사항에 대한 책임을 지기 위해 무엇을 할 것인가?

4) 당신은 다른 사람이 당신에 관해 어떤 것을 알아내기를 원치 않는가? 이것이 어떻게 당신의 삶에 영향을 주는 혼란을 일으키고 힘을 빼앗아 가는지 알아본다.

5) 혼란에 빠진다는 것은 건강, 관계, 힘 또는 영향력의 관점에서 당신에게 어떤 대가를 치르게 하는가?

17

~때문에 힘을 포기하기

> 아무런 설명도 하지 않는 것이 설명해야 할 필요가 있다는 것을 설명한다.
>
> 알버트 허바드
> *미국의 저자 및 편집인*

우리는 자신의 모든 행동에 대한 변명에 중독되어 있다. 우리는 모든 사건에서 그에 수반되는 이유를 찾는다. 이러한 논리는 우리가 어떤 것이든 외형적으로 오는 사건에 대한 힘을 포기하는 것이다. 아무도 당신을 슬프거나 분노하고 두렵게 만들지 못 한다. 아무도 당신에게 강제로 어떤 일을 시킬 수는 없다. 그들이 그렇게 할 수 있다고 믿는 것은 당신이 갖고 있는 당연한 권리인 힘을 포기하는 것이다.

우리가 하는 일에 대해 변명을 할 때마다 상황에 따라 독자적으로 행동하는 능력을 잃는다. 뭔가로 인해 어떤 일을 했다는 것은 진실하지 않을 뿐만 아니라 당신을 외부적인 힘에 의지하게 만든다. 당신은 자신이 설명하는 것과 일치하도록 하기 위해 자율성을 포기한다. 이러한 생각은 우리 문화 속에 너무나 깊이 뿌리박고 있다. 그렇기 때문에 우리 자신을 설명하고자 하는 일에 길들여져 있으며 모든 행동에 대해 "~때문"이라는 식으로 핑계 대는 일을 곧잘 하곤 한다.

언제든 우리의 행동을 의지 밖에서 일어난 어떤 일의 결과라고 설명한다면, 자세한 내용에 대한 판단과 더불어 사실을 혼란케 하는 죄를 범하는 것이다. 이것은 항상 어느 정도 거짓말이 된다. 한 예로, 당신은 다음과 같이 말할 수 있을 것이다. "차가 고장났기 때문에 지각을 했습니다." 우리는 이와 같은 말을 진실인 것처럼 조건을 붙여 말하는 것에 익숙해져 있다. 그러나 월요일 아침 9시까지 도착한다는 조건으로 천만 달러의 돈이 당신의 것이 된다는 말을 들었다면 상황은 어떻게 되겠는가? 그러한 기회를 놓치지 않기 위해 시간을 지켜야 한다는 생각 때문에 어쩌면 하루 전에 도착할지도 모른다. 말하고자 하는 요지는 당신이 통제할 수 없는 어떤 이유 때문에 지각을 했다는 것이다.

당신은 단순히 정시에 도착하지 못한 것에 대한 책임을 지지 않으려고 한다. 우리가 어떤 일을 하겠다는 결심을 하고 그 일을 하지 않을 때, 결심한 것을 지키는 일이 그렇게 중요한 일이 아니었는지도 모른다.

만일 당신이나 다른 사람들이 변명의 말로 '때문에' 라는 말을 쓸 때마다 그것을 자세히 살펴보면 거기에는 항상 판단에 종속하는 어떤 이야기가 있게 마련이다.

그 남자는 어렸을 때 아버지에게서 맞았기 때문에 그의 아내를 때린다. 그것은 사실인가 아니면 그 남자가 자신의 행동에 대한 책임을 면하기 위해 변명으로 하는 말인가?

당신은 책임을 외적인 힘으로 돌릴 때, 자신의 힘을 포기하는 것이다. 위에서 예로 든 사람은 아내를 때리는 이유를 그가 어려서 아버지에게서 맞았기 때문이라고 했다. 그러나 그의 아버지가 그랬던 것은 알콜 중독자인 아내를 다룰 수 없었고 아내 역시 술을 마신 것은 어렸을 때 그녀의 어머니로부터 결코 사랑 받은 적이 없었기 때문이었다.

당신의 판단으로 사실을 혼동할 때, 그 과정에서 자신의 힘을 포기하는 것이다. 당신은 상황을 개선하도록 자신에게 도움을 주는 효과적인 판단을 내릴 수 있는 능력을 언제나 갖고 있다. 그것은 뭔가에 대해 올바르게 되기 위해 자신의 소망을 포기하는 것을 의미한다.

자신의 모든 행동에 대해 책임을 진다.

1) 어떤 일을 하든 안 하든 그것에 대한 변명으로 '때문에'라는 말을 사용할 때를 유의하라. 이러한 경우를 당신의 일지에 기록한다.

2) 당신의 인생의 모든 면에 대해 책임을 진다. 당신이 책임을
   지지 않았을 때를 보게 되면 그것을 일지에 기록한다. 당신의
   표준에 맞지 않는 것으로 삶의 모든 면에서 당신이 취하는 조
   치를 일지에 적는다.

18

이 세상 아니면
저 세상에서 살아가기

> 가능성을 지닌 사람이 되어라. 아무리 상황이 어둡게 보이고 실제로 그렇다 하더라도 눈을 높이 들어 항상 가능성을 바라보라. 그것들은 항상 거기에 있기 때문이다.
>
> 노먼 빈센트 필
> *미국의 성직자 및 〈긍정적인 힘〉의 설립자*

우리 대부분은 태어난 이후에 '이것 아니면 저것'의 관점에서 세상을 보는 일에 길들여져 있다. 당신은 옳지 않으면 그르다. 당신이 승리하지 않으면 내가 한다. 당신이 스스로의 길을 가거나 내가 나의 길을 간다. 이 '이것 아니면 저것' 가운데서 사는 일은 우리를 다른 사람과 갈라놓는다. 우리는 자신에게 초점을 맞추거나 다른 사람에게 어떤 일이 일어나고 있는가에 관심을 기울임으로써 상호 관계를 피한다. 피할 수 없는 결과는 문제를 만들어 낸다.

　문제가 존재하기 위해서는 그에 상응하는 반대 세력이 있어야 한
다.

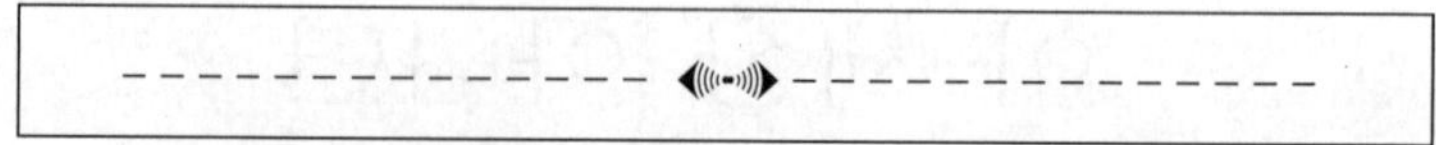

　세력이 똑같지 않을 경우, 한 쪽이 다른 쪽을 억압해서 문제가 존
재하지 않는다. 150kg의 축구 선수가 60kg의 상대 선수를 수비하
고 있다고 생각해보라. 상대가 되지 않는다. 몸집이 큰 사람이 항상
승리할 것이다. 세력이 비슷하지 않다면, 싸울 결과도 없는 것이다.

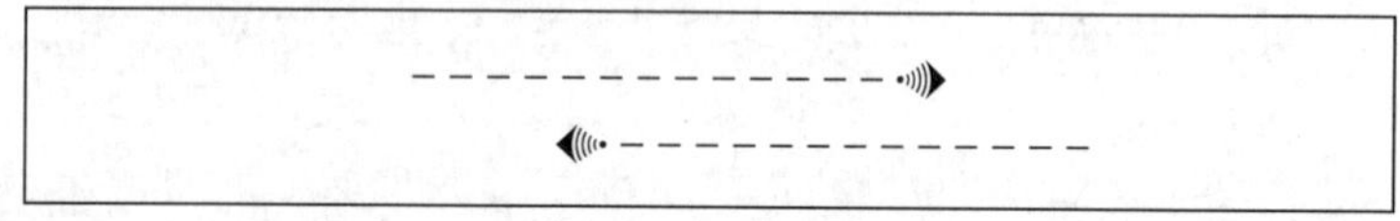

　한밤에 스쳐 지나가는 두 배처럼 아무런 문제도 일어나지 않는
다.

　그러나 양쪽의 세력이 같거나 상반될 경우, 문제 또는 막다른 골
목에서의 충돌은 피할 수 없을 것이다.

　문제 또는 궁지로부터의 해결은 '이것 아니면 저것'으로부터
'그리고 아니면' 모두로 방향을 돌릴 때 올 수 있다. 그렇게 함으
로써 문제에 대한 당신의 관계는 변화된다. 당신은 지배할 것을 찾
던 일로부터 상호관계를 찾는 쪽으로 승리 대 승리로 맞서는 관계
에서 승리 대 패배로 돌아서게 된다.

　이것이 책임이라는 것의 전부다. 책임이란 '그리고/모두'의 대

화를 말한다. 그것은 중간에서 만나는 것이며 두 사람 사이의 에너지의 춤인 것이다. 책임이란 당신 자신이 삶에서 보여주는 모든 것의 근원임을 의미한다는 사실을 이해할 때, 당신의 삶은 영원히 변화할 것이다.

당신의 삶에서 일어나는 모든 것에 대해 책임을 져야 한다는 개념은 반드시 사실이어야 할 필요는 없다. 그것은 단순히 개념의 도구로서 책임을 다른 사람이나 상황으로부터 당신에게로 돌리고 당신 개인적인 힘의 수준을 끌어올리는 것이다.

책임을 진다는 것이 과연 어려운 결정을 내릴 때에도 의미가 있는 것인지 살펴보자. 예를 들어, 당신은 직장을 위해서 에너지를 쏟는가 아니면 가정을 위해 쏟는가? 당신은 자신의 길을 가는가 아니면 다른 사람을 위해 포기하는가? 당신은 학교로 돌아가는가 아니면 직장을 얻겠는가? 아이들과 함께 집에 있겠는가 아니면 일을 하러 나가겠는가? 대학 등록금을 위해 저축하겠는가 아니면 오늘을 위해 써버리겠는가?

우리는 '이것 아니면 저것' 가운데서 생활하는 것에 너무나 익숙해져 종종 '그리고/모두' 또는 '승리/승리'의 대화법을 모색할 생각을 하지 못 한다. 책임이란 그것이 어떻게 당신과 다른 사람 그리고 일반적인 삶을 위해 효과를 낼 할일을 찾는가를 의미한다. 항상 가능성을 열어놓은 채 '그리고/모두'의 책임의 관점에서 당신이 처하는 모든 궁지를 바라보기 시작하는 시련을 자신에게 시키는 것은 당신의 삶에 놀라운 영향을 미칠 것이다.

'이것 아니면 저것'에서 '그리고 아니면 모두'로 전환함.

1) 당신이 '이것/저것' 또는 '승리/패배'의 선택 앞에 직면한 자신을 깨닫는 것부터 시작한다. 당신의 관점을 '그리고/모두'와 '승리/승리'로 전환한다.

2) '이것 아니면 저것'의 사고방식에 머물러 있음으로써 관계와 가능성을 만들어낸다는 관점에서 그것은 당신에게 어떤 대가를 치르게 하는가?

3) 현재 당신이 처해 있는 '이것/저것' 또는 '승리/패배'의 상황에서 '그리고/모두'와 '승리/승리'의 시나리오를 만들어냄으로써 책임을 주장한다.

· 가정에서

· 직장에서

· 친구와 함께

4) 관찰한 내용을 일지에 적는다.

19

다른 사람을 대좌 위에
올려놓기

당신은 존경하는 사람을 대좌 위에 올려놓는 습관이 있는가? 당신은 그들을 우상처럼 여기고 그들은 잘못을 범할 수 없다고 믿는가? 주의하라. 당신이 그들을 대좌 위에 올려놓은 것처럼 그들은 그 높은 자리에서 떨어질 것이다. 다른 사람들을 대좌 위에 올려놓는 것은 관계로부터 필요한 것들을 얻는 것에 대한 책임을 회피하게 해준다. 그들의 말을 맹종하다가 당신은 계획한 것이 제대로 이루어지지 않을 때, 실망하게 된다. 당신이 개인적으로 평가하는 것이 그처럼 높기 때문에 그들이 당신이 걸고 있는 비현실적인 기대에 혹시 그들의 행동이 미치지 못한다면 당신은 실망하게 될 것이다. 이러한 행동은 일이 제대로 되지 않더라도 책임을 회피해 그것이 당신의 잘못이 아니라고 하는 것을 나타내는 것이다. 당신은 그들을 완전하게 신뢰하지만 그들이 당신을 실망시키고 그 믿음을 배신한다면 그것은 전적으로 그들의 책임이라는 것이다.

다음과 같은 접근 방법을 생각해 보라. 누군가를 대좌 위에 올려놓기보다는 그들이 당신과 효과적인 상호교류를 할 수 있는 공간을 만드는 것이다. 이러한 공간을 만들어 줌으로써 당신은 존경하는 그 사람이 당신에게 코치나 피드백을 해줄 수 있게 한다. 그렇게 되면 당신은 이 피드백해준 내용이 당신에게 어떤 영향을 미칠 수 있는지 객관적으로 생각해본다. 당신에게 제언된 것이 '사실'로서는 아니지만 그것이 당신에게 도움을 줄 수 있는 가능성으로 생각해보라. 전혀 실수하지 않는 사람은 아무도 없다는 것을 기억하라. 사람은 누구나 실수를 저지를 수 있으며 또 저지르고 때에 따라 생각과 행동에 의해 착각할 수도 있다. 다른 사람이 당신에게 공헌할 수 있는 여지를 제공함으로써 그들이 당신의 기대에 부응하지 못할 때, 당신은 그들을 대좌에서 떨어뜨릴 권리를 포기하는 것이다.

다른 사람이 당신에게 공헌할 수 있는 여지를 만들어주기.
1) 당신은 누구를 대좌 위에 올려놓았는가?
2) 그들이 당신에게 기여할 수 있는 여지를 만들어 그들과의 관계를 개선한다.
3) 당신이 이 일을 어떻게 할 것인지를 일지에 적는다.

20

험담 그만두기

험담의 정의를 내리자면 제 3자에 관한 어떤 이야기든 그가 없는 자리에서 주고받는 대화를 말한다. 그것이 갖고 있는 특징은 그들의 명성과 재능 또는 행복을 깎아 내리는 것이다. 험담은 대화에서 암과 같은 존재다. 확인하지 않고 그대로 내버려 둘 경우, 그것은 급속히 퍼져 건강하고 생산적인 관계에 종말을 가져오게 한다. 다른 사람에 관해 쉽게 험담하는 사람은 기회만 주어지면 당신에 대해서도 험담할 것이다.

다행히도 험담을 종식시키는 효과적인 방법이 있다. 험담으로 다른 사람의 명성을 깎아 내리는 사람이 있을 때, 이렇게 말하라. "제인에 대해 그렇게 말하는 것을 들으니 걱정이군요. 제인도 걱정할 거라고 생각합니다. 그러니 지금 제인에게 전화를 걸어서 이 문제를 확실하게 해둡시다."

그들이 험담하고 있는 것에 당신이 가담할 뜻이 없다는 것을 알게 되면 당신 앞에서 험담하는 일을 그칠 것이다. 결과는 관련이 있는 모든 사람에게 더 좋은 관계를 갖게 해주며 다른 사람을 깎아내리는 행동에 참여하고 싶어하지 않는 당신의 태도를 존경할 것이다.

험담을 그치기.

1) 험담을 통해 다른 사람의 명성을 깎아 내리는 자리에 참석한 일이 있는가? 이러한 일은 얼마나 자주 일어나는가? 그 상황들을 일지에 기록한다.

2) 당신이 이러한 행동을 그만두고 이미 손상을 입혔을지도 모르는 행동을 정리하기 위한 조치를 언제 취할 것인가?

3) 다른 사람들이 당신을 험담하는 일에 가담시키려는 것을 어떻게 저지하겠는가?

21

입장을 취하거나
태도를 분명히 하기

> 다른 사람들은 견해를 갖고 있으나 우리의 생각은 사실이다.
>
> 마이크 스미스
> 〈브릿지퀘스트〉사

당신을 개인적인 힘에 접근할 수 있도록 해주는 한 가지 원칙은 입장과 태도의 차이를 파악하는 것이다. 이러한 차이는 우리가 개인적으로 사용하는 단어에 독특한 의미를 준다. '메리엄 웹스터(Merriam Webster's)' 사전이나 일반인들은 이러한 용어의 정의에 신경쓰지 않는다. 입장은 포괄적인 것이다. 그것은 뭔가를 적대시하는 것이 아니라 그것을 위한 것이다. 그것은 누군가를 혹은 뭔가를 옹호한다는 용기 있는 선언이다. 그것은 증거를 근거로 하지 않는다. 입장은 변화를 가져오겠다는 결심에서 당신이 채택할 수 있는 원칙이다. 그것은 순수한 가능성이며 어떤 것에 대해 조건을 달거나 반대 입장을 취하지 않는다. 입장을 취한다는 것은 결과에 집착하지 않는 결심을 요구한다. 그것은 원리, 이념 또는 결과를 지지한다는 아무런 증거도 요구하지 않고 100% 그것을 지키겠다고 약속하는 것을 의미한다. 입장은 보여줄 가능성을 위한 출구를 만든다. 아이디어를 활용할 시간이 왔을 때, 입장은 삶과 세상을 위한 가능성과 일치한다.

내가 보기에 태도는 배타적이고 선택된 증거에 기반을 두고 있다. 거기에는 흑과 백 그리고 그와 관련된 옳고 그름의 느낌이 있다. 그것은 반대되는 증거에 입각한 반대되는 견해에 대해 노골적으로 반대하는 강한 의견이 수반된다. 태도를 취하는 사람들은 어떤 것에 대해서는 옳지만 반대 입장은 기꺼이 받아들이려 하지 않는다. 옳다는 것에 빠진 사람들은 몇 가지 어려운 주제에 대해 확고한 태도를 유지한다. 태도는 상호관계에 도움을 주지 않는다.

뭔가에 대해 옳다는 결심을 할 때, 당신은 태도를 취하는 것이다. 그런 다음 당신은 자신에게 무엇이 더 중요한가를 결정해야 한다.

옳게 되든가 아니면 다른 사람의 입장에서 삶이 효과를 발휘하게 하는 방법을 찾는 것이다. 태도를 취할 때, 거기에는 그것을 인식하는 것이 수반된다. 즉, 그것을 벗어버리고 다른 가능성을 찾게 되는 것이다. 당신의 태도와 그에 수반되는 독선적인 견해를 포기하라. 그리고 예전에 완고함으로 닫아버린 새로운 가능성을 열어 보라. 더 큰 그림을 그리겠다는 결심에서 오는 행동으로 가능해진 비전을 향해 걸음을 옮겨라. 이것이 바로 가능성을 만들어내는 것의 전부다.

이것은 내가 시시한 도덕이나 상황마다 변하는 윤리를 만들어낸다는 의미가 아니다. 뭔가에 대해 용기 있는 입장을 취함으로써 전에 발견하지 못 했던 당신의 입장과 일치하는 가능성을 끌어들이는 횃불 역할을 하는 에너지를 방출하게 된다. 입장을 취하는 것은 당신의 미래를 훔치지 않고도 개인적인 확신에 힘을 준다.

입장에 대한 모범은 당신의 자녀를 결코 굶주리지 않게 할 것이라는 선언이 된다. 이것이 참되다는 것을 입증해줄 만한 증거는 없지만 살아 있는 한, 이 입장에 대한 당신의 결심은 확고한 것이다. 당신이 취할 수 있는 또 다른 입장은 모든 사람들의 성실함이다. 당신이 그러한 입장을 취하는 것이 어떻게 움직여질지는 모른다. 하지만 다른 사람의 위대함을 옹호할 기회가 주어진다면 당신은 언제든 정열적인 생각을 갖고 원칙을 지키는 옹호자로서 그렇게 할 것이다. 그러한 입장은 증거에 기인하는 것이 아니라 그저 용기일 뿐이다.

모든 이는 당신에게 제공할 가치 있는 뭔가를 갖고 있다는 당신의 입장은 그 어떤 것에도 이의를 제기하지 않는다. 다른 사람이나 다른 것을 반대하거나 변경시키려고 하는 것은 오히려 그것을 붙들고 있게 할 뿐이다. 뭔가가 존재할 공간을 만드는 것은 그것을 사라지게 하는 데 필요한 첫 번째 단계이다.

당신이 듣는 어떤 말이 아무리 불쾌하다 하더라도 화를 내거나 적대감을 보이지 않고 주의 깊게 듣겠다는 입장을 취할 것이다. 당신의 입장은 자신을 방어하거나 반격을 가할 필요도 없이 누군가가 당신에게 말로서 공격을 하게 만들지도 모른다. 당신의 입장은 논쟁에 의한 영향을 받는 것에 이의를 제기하지 않는 것으로서 그것은 평화를 위한 것이다. 당신은 다른 사람이 무엇이라고 하든 그들이 하는 말에 반응을 보이지 않고 그들의 의견에 화내지 않으면서 듣겠다고 하는 결심 때문에 그러한 입장을 취할 것이다. 당신의 입장은 자신과 다른 사람에게 이러한 결심을 했기 때문에 누가 무슨 말을 하든 반발적인 태도를 취하지 않는다.

태도의 예는 이쪽을 위한 것이냐 저쪽을 반대하는 것이냐 하는 정견 발표의 연단과도 같다. 자신의 태도를 말하는 것은 비슷한 태도를 갖고 있는 사람들을 끌어들이고 반대하는 사람들을 물리치는 것이다. 정치적인 토론이나 토크쇼에 참가하는 사람들은 자신의 태도를 열정적으로 변호한다.

쌍방이 자신은 옳고 다른 사람은 그르다고 할 때, 관계는 태도를 취하는 결과를 가져온다. 태도는 공통 기반을 모색하려 하지 않거나 반대 견해를 고려하지 않음으로써 나타나는 궁지를 만들어낸다. 당신이 이미 알고 있는 것과 맞물리지 않는 가능성을 위한 여백을 만들기까지 배움, 성장 그리고 확장을 위한 여지도 없는 것이다.

반대 의견을 철저히 고려해본 후, 마지막에 가서 다른 사람을 그르다고 판단하는 권리를 포기함으로써 오는 상호관계보다는 자신이 선택한 원칙을 옹호하는 것이 더 중요하다고 여길 경우 자신의 태도를 고수할 것인지를 결정할 수 있다. 적어도 당신은 반대되는 태도와 자신의 의견을 고수하는 결과에 대해 잘 알고 있을 것이다.

입장을 취하고 태도를 버린다.

1) 당신은 인생의 어떤 분야에서 기꺼이 뭔가를 위한 입장을 취하겠는가?

2) 당신은 인생에서 난국을 만들어낸 어떤 태도를 취했었는가? 자신의 태도가 옳다는 것을 위해 기꺼이 필요한 것들을 포기하겠는가?

3) 자신을 다른 사람의 입장에 놓고 반대되는 태도를 주장하는 확실한 논쟁을 해본다.

4) 반대되는 태도를 취하는 사람과 상호관계를 계발하기 위해 대화를 시도한다.

22

일하기

우리는 모두 일을 한다. 우리는 그다지 일하고 싶지 않지만 돈을
제공해 주기 때문에 지속적으로 하게 된다. 돈을 번다는 것은 개인
적인 고통임과 동시에 우리의 관심 대상이다. 고통이라는 것은 당
신이 원치 않는 어떤 것을 갖고 있는 것이며 당신이 갖고 있지 않
은 어떤 것을 원하는 것이다. 고통을 당할 때, 자신이나 다른 사람
은 당신에게 안됐다는 생각을 한다. 자신이 통제할 수 없는 상황의
희생자라고 유감스런 생각을 간직하고 있는 동안 자신이 일꾼이라
는 것을 깨닫지 못 하고 있는 것이다. 그러나 통제할 수 없는 상황
은 지속적인 패턴을 갖고 있는 것 같다. 당신은 고통을 심사숙고한

후, 감정적으로 돌진하게 되는가? 당신은 때로 어떤 일들이 항상 당신에게 일어난다는 생각을 하는가? 그렇다면 당신은 자신의 돈 벌이에 대해 뭔가 즐기고 있다고 생각하는 것이다.

일은 당신이 그것을 위해 뭔가를 하는 것에 책임을 지지 않으며 삶에서 당신이 바람직하지 않은 것으로 바라보는 상황들을 거부한다. 거부하는 것의 에너지는 실제로 일을 하게 하며 고통과 관련된 기분을 지켜준다. 몇 가지 예를 들어보자.

나이를 구실로 삼는 것이 일이다. 세계를 여행한다? 학교로 돌아간다? 새로운 관계를 만든다? 뭔가 다른 일을 한다? 나는 아니다. 그렇게 하기엔 나이가 너무 많다. 인생에서 가능한 것과 나이는 거의 아무런 관계도 없다. 그것은 단순히 최선을 다하지 않는 것에 대한 변명일 뿐이다. 일이 없는 사람들이 말하는 고통을 생각해 보라. "가엾은 존, 뭔가 새로운 것을 배우고 싶어 하지만 나이가 너무 많아."

두려움 또한 사람들이 안전지대 안에 있든 밖에 있든 안전을 위한 구실이 일이 된다. 사람들은 용기 있는 선택에 대한 책임을 피하기 위해 두려움을 사용한다. 두려움이란 사실이 아닌 환영이다. 생리적으로 신체의 감각과 흥분은 똑같은 것으로 나타난다. 오직 감각에 대한 지적인 판단이 그 두 가지를 구분할 뿐이다.

가난은 성공하지 못한 것에 대해 책임을 지지 않으려 할 때, 일이 될 수 있다. 당신이 가난할 때, 세상은 당신을 돈과 물질이 부족하다는 이유로 희생자로 만든다. 당신의 자존심은 벗어날 수 있는 방법이 없을 때 고통을 당하게 된다. 당신은 불리하고 혜택도 받지 못 하고 변화에 영향을 줄 수도 없다. 당신은 풍족한 물질로부터 구호물자를 받는 사람에게로 초점을 돌린다. 당신은 인생이 불공평한 것에 대해 화를 낸다. 옛날 영화에서 카우보이가 말한 것처럼, "그건 내 잘못이 아니잖아?" 당신에게는 상황을 변화시킬 수 있는 능력이 있다. 항상 가난하고 희생자가 될 필요는 없다. 고통은 선택 사항이다.

물론, 가난이 일이 아닌 경우도 있다. 기근, 자연재해, 제 3세계의 국가에 사는 것과 장애는 재물을 얻지 못한 것에 대한 책임을 지는 개인적인 능력에 영향을 줄 수 있다. 불리한 배경을 안고 성공을 거둔다는 것이 더 어렵다는 것을 반박할 사람은 아무도 없다. 적극적이고 변화에 영향을 주도록 하기보다는 포기하고 상황을 탓하는 것은 누구에게도 도움이 되지 않는다. 모든 원칙과 마찬가지로 절대적인 규칙은 없다. 그 의미는 항상 사람들에게 힘을 주고 남을 탓하지 말라는 것이다.

계속해서 사과하고 늘 자신을 꾸짖는 것은 모두 일이다. 미안하게 생각하거나 사과하는 것이 책임을 지고 적극적인 것보다 훨씬 쉽다. 책임을 진다는 것은 참으로 진지하게 사과하는 것을 의미하지만 추진력, 성장 및 변화의 관점에서 훨씬 더 지나쳐 가는 것이다.

악용하는 관계에 머물러 있는 것은 큰 대가를 지불하는 일이 될 수 있다. 삶을 움직이게 하는 것에 대해 책임을 지는 대신, 사람들은 아무런 의미도 없는 관계 속에 머물러 있으면서 자신에 대해 딱한 생각을 하고 다른 사람의 동정을 얻는다. 분명 그들은 의도적으로 그것을 계획하지는 않았을 것이다. 그것은 종종 가장 교활하며 의식적으로 지각하는 저편의 일일 수도 있다. 나쁜 관계를 그대로 내버려두고 있는 그대로의 것에 결심을 한다는 것은 인생에 대해 완전히 책임을 지는 반면 희생자가 되는 일을 그만둔다는 것을 의미한다.

일과 그에 따르는 대가를 끝내는 방법은 당신 자신부터 진실을 말하는 것이다. 책임감 있게 진실을 말함으로써 다른 사람의 감정을 상하게 할 수는 없다. 친교란 열려진 대화와 직접 관계가 있다. 진실을 말하지 않는 것이 오히려 다른 사람을 해친다. 진리는 당신을 자유롭게 한다. 그러나 그것은 먼저 당신을 화나게 한다. 진실을 말하는 것은 어떤 분야에서 숙달하고 만족을 성취하는 데 절대 필요한 것이다.

그러므로 어떤 인생의 조건들이 당신이 원하지는 않지만 제자리를 지키고 있는지 살펴봄으로써 당신의 일을 알아내기 시작한다. 이러한 상황을 해결하는 책임을 지는 것이 진실을 말하는 데 있어서 첫 번째 단계가 된다. 이제 이러한 조건들을 문제를 해결하고 당신이 전진하도록 도와주는 구체적인 행동 계획과 더불어 하나씩

말하도록 결심한다. 그렇게 하는 것은 당신이 의미 없는 상황을 지
킴으로써 얻는 대가를 포기하는 것을 의미한다.

일을 함으로써 얻는 대가.

인생에 대해 완전한 책임을 지지 않을 때, 우리는 자신을 잠시
속이는 것이다. 우리는 조금만 움직이고 우리가 갖고 있는 잠재력
이하의 생활을 하는 데 익숙해진다. 훌륭해지겠다는 결심을 갖고
생활하는 것보다는 때로 통제 밖에 있는 것처럼 가장한다. 우리는
다른 사람이 소심하게 노는 것을 볼 때 그들도 우리에게 똑같은 것
을 상기시켜주지 않도록 하기 위해 아무 말 하지 않음으로써 그들
과 공모한다. 이 자멸적인 행동은 우리가 그것을 그 자리에 지켜둠
으로써 얻게 되는 대가로 인해 머물러 있게 된다.

마이크 스미스가 지적한 바와 같이 이 대가에는 다음과 같은 것
들이 포함된다.
- 우리는 자신을 옳게 여기고 다른 사람을 그르게 만든다.
- 우리는 자신이 그릇된 사람으로 비쳐지는 것을 피한다.
- 우리는 다른 사람을 이기려 하고 지는 것은 피한다.
- 우리는 지배하려 하고 지배받는 것을 피한다.
- 우리는 관계와 대화가 효과적으로 관리되는 것에 대해 책임지
  는 일을 피한다.
- 우리는 희생자들이 마땅히 받아야 할 연민과 동정을 받는 희

생자가 되고자 한다.

· 우리는 뭔가 다른 행동을 하지 않는 것에 대해 정당화하려 한
  다.

이러한 대가는 우리가 피하려고 하는 바로 그 행동을 강화시켜 준다. 우리는 옳게 되는 일에 너무 중독되어 있어 자신의 삶을 소비해 버린다. 우리는 무엇이든 옳은 일이면 하고, 관계, 사랑과 행복을 팔아치우는 것을 비롯하여 그른 것은 피하려고 한다. 옳게 되는 것은 전쟁을 비롯하여 모든 투쟁의 근원이 된다. 우리는 올바른 사람이 되기 위해 다른 사람을 죽인다.

아마도 공동묘지에 있는 어느 비석에 새겨진 비문이 그것을 잘 말해줄 것이다. 거기에는 다음과 같이 쓰여 있었다.

"내가 아프다고 말했지."

그의 말이 맞았다. 그러나 우리가 올바른 존재가 되고 우리의 일을 제자리에 있게 하는 데는 대가가 요구된다.

일을 하는 데는 대가가 뒤따른다.

우리는 적절한 도움을 주지 못 하는 행동을 유지하는 데 필요한 대가에 대해 알아보았다. 우리가 자멸적인 행동을 유지하는 한 가지 이유는 대가를 충분히 지불하지 못 하기 때문이다. 우리가 탁월해지기 위해 노력하지 않을 때, 발생하는 대가를 분명하게 정의해 준 마이크 스미스에게 감사 드린다. 당신에게 도움을 주지 못 하는

행동 양식 때문에 생긴 결과를 살펴보면서 상호 밀접한 관계가 있는 다음 분야를 살펴본다. 당신은 다른 사람이 고통을 겪게 하지 않으면서 어떤 한 분야에 부정적인 영향을 미칠 수는 없다.

생활 속에서 상당한 대가가 지불되는 것이 나타나는 첫 분야에는 관계, 사랑과 애정의 분야가 포함된다. 이러한 분야들이 최상의 상태로 움직이게 하는 것이 분명하고 개방적인 대화의 기능이다. 어떤 것이라도 당신이 좋아하는 것보다 덜 만족스러울 경우, 대화는 고통스러운 것이 된다. 대화의 문을 여는 이러한 절차를 위해 요청해야 할 것이 있을 경우, 해결되지 않은 문제를 분명히 하기 위해 누구와 대화를 나누는 것이 적절한지 살펴보라.

관계에 부정적으로 영향을 미치는 것에 덧붙여 자멸적인 행동은 종종 당신의 신체적, 정신적인 건강에 부정적인 영향을 미친다. 당신의 건강은 정서적인 상태와 직접적인 관계가 있다. 중요한 감정을 억누르거나 부인하고 핵심이 되는 가치관을 존중하지 않는 것은 당신의 신체 어느 곳에선가 병으로 나타나는 결과를 가져온다. 심장질환과 암 발생 원인과 가장 확실하지만 거의 모든 다른 질병도 마찬가지다. 정신, 육체 및 영과 관련된 치료를 위해서는 루이스 해이의 저서, 〈You Can Heal Your Life〉를 읽어보라. 건강이 고통을 받고 있는지 검사해보고 여기에 부정적인 조건이 기여하지 않았는지 살펴본다.

행복과 마음의 평화는 당신에게 도움을 주지 못 하는 지속적인 상태를 간과함으로써 영향을 받는다. 당신은 항상 모든 상황에서 선택할 기회를 갖는다. 무엇을 선택할지 결정하라. 무엇이든 간에 받아들이고 그것을 변화시키도록 결정하라. 행동 계획도 없이 포기한 상태에서 받아들일 수 없는 상황에 남아 있는 것은 당신의 행복과 생명을 대가로 요구할 것이다. 후회 없는 삶을 살겠다는 결심에서 오는 행복과 생명의 활력을 회복하기 위해 오늘 조치를 취하는 것보다 더 좋은 것은 없다. 당신의 자기표현과 생명력은 더 적은 것을 감수하겠다는 결심에 의해 영향을 받는다. 당신의 에너지는 정신 상태와 직접 관련이 있으며 당신의 행복을 반영하는 것이다. 한 해 한 해 천천히 포기의 늪 속으로 가라앉을 때, 당신의 생명력과 자기 표현은 고통을 당한다. 당신은 이러한 냉담과 포기의 상태에 너무나 익숙해졌기 때문에 그것이 부자연스럽고 불필요하다는 것을 잊고 있다. 노먼 커슨스는 일찍이 이런 말을 한 적이 있다. "인생에서 진짜 비극은 죽음이 아니라 우리가 살아 있는 동안 우리 내부에서 죽고 있는 것이다."

적절하게 일을 유지하는 것은 생산성과 인생에 영향을 미친다. 당신이 갖고 있는 선물을 기증함으로써 세상에 영향을 미치는 잠재력은 자신의 꿈을 포기할 때 고통당한다. 가장 중요하게 여기는 가치관을 존중하지 않는 것은 당신 자신이 다른 사람에게 공헌하는 능력에 영향을 미친다. 당신의 생산성이 고통을 당하는 것처럼 선을 위해 당신이 미치는 영향도 그렇다. 당신이 잠재력을 낭비하는 동안 삶에서 되돌려 받은 것들도 고통을 당한다. 그것을 깨닫기 전에 당신은 평범함 가운데 있는 것이다. 다른 사람에게로 내보낸 것은 당신에게 되돌아온다. 다른 사람에게 기여하는 사이클을 중단시킬 때, 당신은 계속해서 돌아가는 사이클을 닫아버리게 되고 생산성은 자신의 잠재력을 완전히 발휘하지 못 함으로 인해 고통을 겪게 된다.

이러한 과정은 마찬가지로 당신의 가치관과 이상을 손상시킨다. 이것들은 당신의 존재를 특징짓는 데 결정적인 요소가 된다. 당신이 자신의 가치관과 타협할 때, 자신을 잠시 속이는 것이며 다른 사람들도 배반하는 것이다. 그 결과, 당신은 그렇게 하는 과정에서 자신의 성실함과 타협하게 된다.

변화에 영항을 줄 수 있는 유일한 길은 당신이 그렇게 하지 않도록 대가를 치르는 것이 무엇인지 완전히 깨닫는 것이다. 그것을 중단하고 안전하게 활동하고 최선을 다하지 않을 경우 치러야 하는 대가를 밝혀내는 과정에서 당신은 자신의 인생이 이상적으로 펼쳐지도록 하겠다는 결심으로 돌아갈 필요가 있다는 것을 깨닫게 될 것이다.

당신에게 도움을 주지 못하는 패턴을 깨뜨리다.

1) 당신이 탁월해지는 데 도움이 되지 않는 패턴을 알아낸다. 당신은 어디에서 책임을 완전하게 받아들이지 않는가?

2) 당신은 사실을 말하지 않고 희생자의 역할을 하면서 어느 곳
   에서 고통을 받고 있는가? 당신은 어떤 상황을 거부하는가?

3) 당신은 이러한 패턴들을 적절히 유지함으로써 어떤 대가를
   꾸준하게 받는가?

4) 당신의 영향과 탁월함을 파괴하는 행동을 타파하기 위해 어
   떤 조치를 취할 것인가? 언제까지 그러한 조치를 취할 것인
   가? 누가 결정적인 조치에 대한 당신의 결심에 대해 그 책임
   을 물을 것인가?

5) 삶의 어떤 문제에 대해서 당신은 고집스럽게 자신을 옳게 여
   기고 다른 사람들을 그르게 여기는가? 건강, 사랑, 관계 및
   행복의 관점에서 당신이 치르는 대가는 무엇인가?

6) 당신이 관찰한 것을 일지에 적는다.

23

결코 다루지 않는 것

> 중요한 것은 이것이다. 우리가 장차 될 수 있는 인물이 되기 위해 언제든 현재의 우리를 희생할 줄 아는 능력이다.
>
> 찰스 디보스
> *미국 작가*

이제 독자 여러분이 여기까지 읽으면서 제시된 여러 가지 원리들을 배웠을 것이라 믿으면서 몇 가지 중요한 요점을 살펴보기로 한다.

첫째, 개인의 발전은 끝없이 평생 해야 하는 과정이다. 거기에는 도착 지점이란 없고 오직 계속되는 경험만 있을 뿐이다. 필자는 이 책의 앞 부분으로 돌아가서(마찬가지로 1권의 앞부분으로) 당신이 행복과 개인적인 영향력을 진지한 마음으로 발전시키고자 한다면 삶과 행복에 가장 영향을 줄 수 있는 원리들을 밝혀내겠다는 의도로 하나씩 다시 읽도록 권유하는 바이다. 어떤 사람에게는 필요한 원리와 기술을 습득하는 데 몇 주 또는 몇 달이 더 걸릴 수도 있을 것이다. 또 어떤 사람들은 더 많은 노력이 필요할 것이다. 매일의 생활에서 자신의 신분을 확대시키고 충만한 잠재력을 깨닫도록 하기 위해 어떤 일정한 수준의 활동을 유지하겠다고 결심한다. 당신이 발전시키고자 하는 분야가 어떤 것이든 상관없이 자신을 문제에 몰두시켜 시야와 경험이 넓어질 때까지 거기에 머물러 있도록 하라. 반드시 그 과정을 즐겨라.

자기 발견과 개인적인 발전은 인생에서 당신이 밝혀내기 시작해야 할 일들을 위해 문을 열어놓는 것에 불과할 뿐이다. 의미 있는 변화가 이루어지도록 하기 위해서는 정보를 움직이겠다는 결심을 해야 하고 당신 자신이 기꺼이 책임을 지려는 마음을 갖도록 해야 한다.

당신이 이해를 얻고 다른 사람에게 영향을 미치는 돌파구는 개인적인 능력을 증가시키는 원리를 더욱더 발전시키면서 순간순간 자신이 누구인가 하는 것을 찾아내는 용기로부터 비롯되는 것이다. 삶이 당신에게 주는 것을 최대한 활용하고 자신이 되고자 하는 인물이 되는 데 도움을 주는 행동을 하겠다고 결심한다. 그러나 그 결과에는 집착하지 말라.

마지막으로, 남은 인생을 당신의 비전대로 살겠다고 결심한다. 그것은 자신과 가족을 위한 당신의 비전이다. 그것은 세상과 인류를 위한 비전이다. 그것은 당신이 탁월함, 사랑 그리고 소중하게 여기는 모든 이상에 대한 결심에 따라 생활할 때, 성취하게 되는 가능성에 대한 비전이다. 당신의 인생이 자신과 타인의 훌륭함을 옹호하지 않고 지나쳐버리지 않게 하라. 너무나 종종 우리는 자신이 성취할 수 있는 것이 무엇인지 충분히 깨닫지도 못 하고 대단찮은 활동을 한다. 지금 당장 당신이 될 수 있는 것보다 당신을 하찮은 존재로 여기게 한 체념을 없애 버리겠다는 결심을 하라.

앞으로 300년을 더 살게 될 경우, 값진 역할을 하게 될 명석함을 계발하라. 매일 아침 당신의 영혼을 행동으로 솟구치게 하는 정열로 가득 채우기 위해 무엇을 하겠는가? 당신이 자신과 다른 사람에게 영향을 주는 삶의 비전을 추구할 때, 이 정열이 당신의 날들을 움직이게 하는 연료가 되게 하라.

인생에서 최선을 다하지 않을 때 치르게 되는 대가가 무엇인지에 대해 분명히 해두라. 삶과 행복, 활력 그리고 세상에 기여하는 가능성에 관해서 그것은 당신에게 어떤 대가를 요구하는가? 당신이 대단찮은 활동을 하는 것에 치르는 대가와 완전히 일치할 때 할 수 있는 유일한 선택이 당신이 될 수 있는 최선의 인물이 되고 개인적인 힘을 최대한 활용하겠다고 하는 결심에 따라 사는 것이라는 사실을 깨닫게 될 것이다.

조지 버나드 쇼는 다음과 같이 말했다.
"어떤 목적을 위해 사용되는 존재가 된다는 것, 이것은 인생의 진정한 기쁨이다 ; 즉, 세상 그 자체는 당신을 행복하게 만들지 못 한다는 것을 불평하는 열정적이고 이기적인 작은 흙덩이보다는 자연의 힘이 된다는 것 말이다. 나의 삶이 전체 사회에 소속되어 있으며 내가 살아 있는 한 그 사회를 위해 할 수 있는 모든 것을 다하겠다는 것이 나의 견해다. 나는 죽을 때 철저하게 사용된 존재가 되기를 바란다. 열심히 일할수록, 나는 더욱 풍요롭게 산다. 나는 인생을 그 자체의 이유로 인해 기뻐한다. 인생은 나에게 있어 '단순한 양초'가 아니다. 그것은 한동안 내가 들고 있을 찬란한 횃불로서 나는 그것을 미래 세대에 넘겨주기 전에 가능한 한, 밝게 타기를 바란다."

이 책에서 제시된 원리들이 단순히 쓸모 없는 정보, 당신의 생활에 적용되지 않는 무용지물이 되지 않게 하라. 자신에게 계속 다음과 같이 질문하라.

당신의 인생에는 어떤 가능성들이 있는가?

당신은 그것들을 최대한 활용하기 위해 어떻게 하겠는가?

당신을 위해 다음에 해야 할 일은 무엇인가?

 **조 루비노 박사**는 북미지역에서 성공과 생산성을 다루는 으뜸가는 지도자의 한 사람으로 널리 알려져 있다. 그는 'Visionary International Partnership'의 CEO(최고경영자)다. 현재까지 그의 저서와 지도력 계발 훈련을 통해 도움을 받은 사람은 10만 명이 넘는다. 톰 벤출로 박사와 함께 'The Center For Personal Reinvention'의 공동설립자이기도 하다. 이 조직은 사람들이 개인적인 힘과 영향력을 최대한 활용하도록 코치하고 생산성과 지도력 개선 과정을 제공하고 있다.

조 루비노 박사의 저서

· The Power to Succeed—More Principles for Powerful Living, Book II
· Magic Lantern: A Fable About Leadership, Personal Excellence and Empowerment
· Secrets Of Building A Million Dollar Network Marketing Organization From A Guy Who's Been There, Done That and Shows You How To Do it Too

The Center For Personal Reinvention 프로그램에 관한 자료를 요청하거나 루비노 박사의 저서를 주문하려면, http:// www. Center For Personal Reinvention. com을 방문하라.

추천하는 개인 발전 프로그램

The Center For Personal Reinvention
조 루비노 박사와 톰 벤출로 박사

당신은 인생과 비즈니스의 어느 지점에 멈춰 서 있는가?
받아들일 수 없는 체념이나 충돌 단계가 있었던 곳은 어디인가?
인간관계에서 경청이나 대화의 기술이 부족한 곳은 어디인가?
파트너십, 결심 그리고 비전의 관점에서 결여되어 있는 것은 무엇인가?

우리가 살고 일하는 세상은 전례 없는 변화와 새롭고도 복잡한 도전이 가득한 곳이다. 많은 사람들에게 인생은 성장하고 모험하고, 다른 사람과 함께 하는 가운데 전력을 다해 활동하는 대신, 생존하기 위한 어려운 투쟁처럼 보이는 것으로 시작된다. 우리가 매일 경험하는 스트레스, 충돌 및 좌절은 반드시 그런 것만은 아니다.

이러한 것들이 있는 곳에는 또 다른 가능성도 존재한다.

…인생의 도전에 의해 힘을 부여받아 삶과 일을 선택함.
…다른 사람이 파트너십을 키울 수 있는 양육 환경에서 우수한 것을 성취하도록 지원함.
…성숙도, 창의력 및 조화를 지속시키는 성공 원리를 습득함.

...다른 사람들이 성취감, 파트너십 및 탁월함에 대해 새로운 가
능성을 보는 데 영향을 받도록 경청하고 대화하는 기술을 얻
음.

우리 자신, 세상과 우리의 관계 및 세상을 받아들이는 일을 재발
견하는 것은 우리 개인과 다른 사람의 훌륭함에 대한 끝없는 결심
의 결과다. 그것이 가능해진 것은 사람들로 하여금 전혀 다른 방법
으로 인생과 사람들을 바라보게 한 대략 50가지 정도의 중요한 원
리를 습득하는 일을 통해서다. 사람들이 정말로 이 원리를 받아들
인다면, 인생, 관계 및 돌파구를 위한 새로운 가능성이 완전히 새로
운 시각에서 보여질 것이다. The Center For Personal
Reinvention은 배움과 성장, 그리고 활동을 위한 활기 있는 원리로
서 최첨단 테크놀로지를 사용해 이 원리들을 스스로 발견하도록 도
움으로써 인생을 보는 방법을 바꾸는 데 성공을 거두었다.

이 프로그램을 통해 당신은 다음과 같이 될 것이다.

· 생산성을 최대한 활용하는 반면 개인적인 힘에 접근하는 비결
  을 알게 된다.
· 빠른 속도로 목표에 도달하기 위해 전념해야 할 것이 무엇인
  지 정확히 알게 된다.
· 새롭고 힘찬 파트너십을 계발하는 반면, 자신의 영향력을 높
  이기 위한 구조를 구축하게 된다.
· 당신의 인생과 비즈니스에 대해 완전한 책임을 지는 것이 어
  떻게 돌파구를 마련하는 결과를 가져오는지 알게 된다.

· 자세한 행동 플랜에 중요한 요소가 무엇이며 빠른 시간 내에
  목표에 도달하는 방법을 발견하게 된다.
· 효과적이고 의도적인 경청과 대화의 열쇠를 얻게 된다.
· 자멸적인 생각과 행동을 인식하고 그것을 전환시킨다.
· 새로운 연민과 명확함으로 다른 사람을 더 잘 이해하는 통찰
  력을 얻는다.
· 다른 사람을 당신에게 끌어당기는 데 필요한 카리스마를 개발
  한다.
· 지도력을 쌓음으로써 오는 자신감과 내적인 평화를 경험한다.

The Center For Personal Reinvention

....성공에 필요한 힘을 전하며!

최대한의 결과를 달성하기 위해 주문에 의한
개인적인 맞춤 과정 및 프로그램

역점을 두는 분야에는 다음과 같은 것들이 포함된다.

미래의 계획.

인생과 비즈니스를 움직임.

무한한 가능성을 만들어냄.

약속 관리.

개인적인 코치 및 발전.

개인적인 영향력을 최대화함.

생산성의 약진.

지도력 계발.

관계 및 팀 구축.

충돌 해결.

개인적인 힘을 기르기 위한 시스템.

개인 및 생산성 변모.

성취를 위한 구조 계획.

주의 깊게 경청함.

가능성을 생각함.

전방을 향한 행동의 가속화.

팀의 책임을 위한 구조.

생각의 쇄신.

과거의 청산.

후회 없는 인생 창조.

The Center For Personal Reinvention은 비전과 일치하는 구체적인 필요 사항을 다루는 주문형 프로그램으로 잠재력을 성취하도록 회사와 개인을 지도해줍니다.

지금 연락을 주시면 도와드립니다

The Center For Personal Reinvention
PO Box 217
Boxford. MA 01921
drjrubino@email.com
800-999-9551, 내선번호 870번
Fax: 630-982-2134

❖

프리덤 코스(The Freedom Course)
브릿지퀘스트사(BridgeQuest, Inc.)

강력한 지도력의 원천!

누가 망치 없이 못을 박고 잭 없이 타이어를 바꾸려 하겠는가? 연장의 필요성을 부인하는 것은 우스운 일이 아닌가? 그러나 우리 가운데 많은 사람들이 특히 삶을 위한 연장의 필요성을 부인한다. 오늘이 무서울 만큼 어제와 똑같고 당신의 삶이 성촉절(2월2일, 성모 마리아의 순결을 기려서 촛불 행진을 한다)을 오랫동안 반복하는 것 같더라도 운명이나 환경, 다른 사람의 탓으로 돌리지 말라. 차라리 당신이 할 수 있는 선택과 사용할 수 있는 도구를 찾아 보라.

새로운 천년에 돌입하면서 과거의 어떤 것도 현재 당신이 하는 일에 영향을 미치지 못 한다. 당신은 조금 전에 있던 사람과는 전혀 다른 새로운 사람이다. 이 새로운 해는 과거에 당신이 결코 살아본 적이 없는 시간이며 프리덤 코스(Freedom Course)에서 받게 되는 연장은 전에 당신이 결코 지녀보지 못 했던 것이다.

똑같은 눈송이나 지문이 없듯이 이 세상에 태어나는 모든 사람은 각기 독특한 목적이 있다. 우리 각자는 자신의 능력과 의도하는 바에 따라 자신을 나타내며 결코 다른 사람과 같도록 되어 있지 않다. 생애에서 가장 고귀한 목적은 자신에게 진실한 사람이 되는 것이다. 자신의 존재를 존중한다면, 당신은 자신의 운명을 성취하고 그렇게 하는 과정에서 다른 사람에게 봉사하는 것이다.

그러나 많은 사람들이 자기 자신과 사랑하는 사람들 그리고 사업 파트너를 위해 우리가 원하는 말을 훼손시키는 나쁜 관계, 습관적인 행동, 좋지 않은 사업 상황, 해로운 건강 상태를 묵인하고 있다.

우리는 현재의 상태를 참아 내거나 "다음 주에는 내 인생을 변화시키는 뭔가를 하겠다"라는 것이 고귀한 일이라는 것을 확신한다.

목표와 비전과 꿈을 성취하는 길에서 얻는 것이 무엇인지 알아보라. 목표를 세우자마자 나타나는 '장애물' 을 살펴 보라. 당신이 바라는 것을 정복하고 성취하기 위한 도구를 얻도록 하라.

우리의 인생에서 중요한 것은 살아온 햇수가 아니라 그 기간 동안 어떤 인생을 살았느냐 하는 것이다. 우리는 가늘고 길게 살거나 혹은 굵고 짧게 살 수 있다. 생애에서 원하는 것을 만들어낼 수 있는 비결을 찾아내라. 당신은 이제 꿈을 실현시킬 능력을 갖고 있다! 어떤 꿈이 당신을 부르는가? 당신은 어떤 꿈을 미루어 왔는가? 당신의 내부에서 불타고 있는 것은 무엇인가? 인생은 활기에 넘치는 것이며 벅찬 흥분으로 가득 차 있다! 문제는 "얼마나 많은 가능성이 있는가?"가 아니라 "얼마나 당당하게 기꺼이 인생을 살려고 하는가?"이다.

당신의 영혼을 새롭게 하라. 날아오르라. 당신이 원하는 인생을 지금 만들어내라.

모든 사람들이 말하는 연장을 얻는 방법을 찾아내기 위해 프리덤 코스(The Freedom Course)에 있는 직원들에게 연락하십시오 (888-412-8720).

High Performance People, Inc.

Mach II With Your Hair on Fire
– 개인적인 비전과 자기 동기부여 워크숍

만일 당신이 다음과 같이 될 경우, 성취할 수 있는 일들
열성적일 경우.
끈기가 있을 경우.
용기가 있을 경우.
정열적인 경우(가장 중요함).
창의적인 경우(당신이 노력하는 모든 분야에서 필요함).

당신은 인생을 얼마나 더 즐기고 싶은가?

만일 당신이 소규모로 활동하고 인생을 안전하게 살기 위해 계획
해놓은 일들을 지나쳐버린다면 어떤 느낌이 들겠는가?

다른 사람이 아니라 자신을 위해 사는 것이라면 어떤 삶을 살겠
는가?

자신의 가치관과 조화를 이루고 자신의 재능을 세상에 기여하고
자 할 때, 어떤 느낌이 드는가?

세상에서 온 힘을 다해 활동하는 것을 어떻게 생각하는가?

리차드 브룩이 지도하는 (그의 저서, 〈마하 Ⅱ의 속도로 열정에 불타는 당신의 머릿결〉에 근거한 것임) 개인적인 비전과 자기 동기부여 기술은 성취하는 과정에서 평화롭고 흥분할 수 있는 방법을 정확하게 발견하도록 지도해줄 것이다. 그렇다. 동시에 평화롭고 흥분하는 일. 그는 어쩌면 당신의 생애에서 처음으로 성실하고 자유롭고 힘찬 가운데 독립적인 사람이 된다는 것의 의미를 발견하도록 도와줄 것이다.

개인적인 자유에 대한 가장 유능한 강사 밑에서 공부하기 전에 리차드는 오랫동안 같은 주제를 가지고 씨름해왔다. 〈마하 Ⅱ의 속도로 열정에 불타는 당신의 머릿결〉은 리차드가 이 세상의 오랜 진리에 접근해 냉소적이고 파괴적으로 닭 자르는 일만 해온 사람들을 성공시킨 이야기뿐만 아니라 자수성가한 억만장자를 포함하여 수많은 사람들로 하여금 개인적인 자유를 지도해주는 코치가 되게 하고 자신의 삶을 변화시켰는지에 대해 그 방법을 말해주는 책이다.

리처드의 작품은 1일, 3일, 7일 형식으로 제공된다.

더 자세한 내용은 888-665-8484로 연락하면 된다.

The World Institute Group:

The Empowerment of Listening Course

Carol McCall and World Institute Group

당신은 다른 사람이 어느 지점에 이르도록 도와주기 위해 할말을 다 하는가? 당신은 다른 사람의 말이 빨리 끝나서 자기가 대답하기를 조급하게 기다리는가? 이것은 말하기 좋아하는 사람의 표시로서 당신이 경청하는 기술을 새롭게 익혀야 할 필요가 있음을 말해준다. 경청은 대화의 핵심이 된다. 경청하는 기술이 부족한 것은 우리 생활 전반에 영향을 미친다.

Empowerment of Listening Course를 통해 당신은 다음과 같은 분야를 향상시키게 된다.

생산성. 분명하고 함축된 대화를 시작하고 동료와 가족으로부터 똑같은 것을 주장하는 방법을 배운다.

· 미루는 이유와 자신의 생활에서 성취를 방해하는 요인을 제거하는 방법을 배운다.

결정을 내림. 자신의 결정 과정을 살펴보고 가장 복잡한 직장/인생의 선택과 상황에서도 강해진 자신감을 얻는다.

· 신속하고 자신 있게 확실한 결정을 내릴 수 있도록 두려움과 편견과 예전의 경험들을 버릴 수 있는 비결을 밝혀낸다.

· 상충되는 해결, 책임 및 결심한 것을 지키는 분야에서 중요한
  발전을 경험한다.

  관계. 대화를 분명하고 '깨끗하고' 과거나 현재의 문제에 영향받
지 않도록 하는 방법을 배운다.

· 당신이 인간관계에서 어떤 위치에 처하든 사장/직원, 아내/남
  편, 부모/자녀 관계를 참된 동반관계로 만드는 비결을 찾아낸
  다.

· 분명하게 표현하지 못 한다 하더라도 고객이나 예비고객이 요
  구하는 것에 대해 정확한 해결 방법을 제공하고 장기적으로
  지속되고 번영하는 사업 관계를 유지하는 방법을 배운다.

· 인종, 종교, 성별, 성에 관한 예비지식, 인생의 경험, 대화 방
  법이나 직업의 다양함을 통해 경청하는 기술을 계발하고
  100%의 인간성을 갖고 말하는 기술을 습득한다.

  지도력. 사람들을 성공하도록 존중하며 동기부여하고 추진하는
참된 관계를 만들어내는 방법을 배운다.

· 사람들에게 동기를 부여하여 강한 동반관계를 만들어내고 결
  국 자신의 지도력을 이루어내는 도구를 습득한다.

창의력. 모든 어린이가 타고난 창의력을 계발하는 방법과 그것을
활용해 삶이 주는 문제를 해결하는 방법을 배운다.

더 자세한 내용은 877-513-3820으로 연락한다.

조 루비노 박사의 다른 저서들

The Power to Succeed:

30 Principles for maximizing your personal effectiveness

Book I

조 루비노 박사 저

인생을 힘차게 성공적으로 돌진해가며 대인관계와 일에 있어서 자신만만한 사람들과 반대로 늘 고민하고 실패하는 사람들을 구분 짓는 차이는 무엇인가? 이 문제의 해답이 〈The Power to Succeed : 30 Principle for Maximizing Your Personal Effectiveness, Book Ⅰ〉에 있다. 이 책은 독자들로 하여금 세세한 인생의 변화까지도 이해하도록 도와줄 것이다. 많은 정보와 실례, 경험담과 상세한 연습문제들은 개인의 행복과 효율성, 능력을 향상시키기 위해 노력하는 사람들에게 인생을 변화시키는 통찰력을 깨닫게 할 것이다. 또한 개인적인 능력을 얻기 위한 연구를 함으로써 생각과 행동을 제한하는 것이나 그 외의 어떤 어려움도 극복해내는 방법을 얻어냄과 동시에 최상의 가능성을 발견해낼 것이다.

코치이자, 강사, 교관으로도 알려진 조 루비노 박사가 이 책에서 설명한 원리들은 지금 그 자신의 인생을 형성시킨 원리들이기도 하다. 루비노 박사는 그의 나이 37세에 다른 사람들이 더 나은 대인관계와 행복, 좀더 생산적인 삶을 살아가도록 돕기 위해 경력을 바꿨던 치과의사이다. 개개인의 능력과 효율성을 극대화하기 위해 그의 원리들을 다른 이들과 함께 나누는 것이 루비노 박사의 목표이다.

이 책을 통해 당신은 :
· 당신의 가능성에 접근할 수 있는 비밀들을 찾을 것이다.
· 효율성을 극대화하기 위한 구조를 만들어낼 것이다.
· 삶의 모든 것에 대한 책임감을 배울 것이다.
· 목표에 도달하기 위한 방법과 중요 요소들을 찾을 것이다.
· 당신만의 규율을 정하게 될 것이고 당신의 가치관이 어떻게 생산성을 극대화시키는지 알게 될 것이다.
· 당신의 과거를 마무리하고 미래를 계획하게 될 것이다.
· 의도적이고 효과적인 대화의 기술을 익히게 될 것이다.
· 불평을 멈추고 직접 행동하게 될 것이다.
· 당신의 장점을 파악하고 삶에 있어서의 단념과 포기들을 정복할 것이다.
· 새로운 가능성들을 찾아내는 방법들을 배울 것이다.
· 문제점들을 찾는 것이 얼마나 인생의 긍정적인 돌파구를 가져오는지 보게 될 것이다.

The Magic Lantern: A Fable About Leadership, Personal Excellence and Empowerment

조 루비노 박사 저

난쟁이, 요정, 악귀와 마녀들이 살고 있는 요술나라의 'Magic Lantern'은 우리에게 성공과 행복에 이르는 열쇠를 가르쳐주는 개인의 발전에 관한 매혹적인 이야기이다. 이 매혹적인 이야기는 우리가 만나는 모든 사람과 함께 최대한으로 효과적인 사람이 되는 것을 배우게 한다. 반면, 참된 지도력을 얻는 것이 무엇을 의미하는지도 함께 파헤친다. 루비노의 우화는 일단의 난쟁이들이 젊은 지도자와 함께 인생 – 조화와 끝없는 가능성으로 가득 찬 – 과 많은 사람들이 경험하는 후회와 혼란의 공간을 찾으러 떠나는 이야기를 들려준다. 혼란에 빠진 마을에 평화와 일치를 회복하라는 사명을 띠고 유쾌한 인물들은 사건이 많은 여행길에서 만나는 여러 가지 어려움을 극복한다. 자기 발견을 통해 그들은 지도력을 쌓고 다른 사람에게 공헌하면서 될 수 있는 가장 훌륭한 인물이 되는 데 필요한 중요한 원리들을 터득한다. 〈The Magic Lantern〉은 우리에게 다음과 같은 교훈들 즉, 용서의 힘, 책임과 결심의 의미, 지도력의 저의, 믿음과 긍정적인 기대의 마술, 기술로서 경청의 가치, 자신의 감정과 행동을 자제하는 비밀 등등의 많은 것들을 가르친다. 〈The Magic Lantern〉은 위대한 장인들의 자기 발전 도구를 담고 있는 톨킨(Tolkien)의 〈호빗(The Hobbit)〉을 연상시키는 매혹적인 이야기로 채워져 있다. 그것은 우리 시대의 고전 중 하나가 될 것이다.

당신은 성공적인 네트워크마케팅 제국을 건설하는 방법에 필요
한 모든 것을 가르쳐주는 베스트셀러를 읽어본 적이 있는가?

**Secrets Of Building A Million Dollar Network Marketing
Organization From A Guy Who Has Been There, Done That
And Shows You How To Do it Too**

조 루비노 박사 저

네트워크마케팅 비즈니스를 구축하는 데 성공을 거두는 열쇠가
무엇인지 1995년 12월호 〈석세스(Success)〉지의 커버스토리 「백
만장자 만들기(Millionaire Maker)」의 주인공으로부터 배워라.

이 책을 통해 당신은 :
· 네트워크마케팅에서 성공의 문을 여는 6가지 열쇠를 얻게 된
  다.
· 의심과 두려움으로부터 자유롭게 사업을 구축하는 방법을 배
  운다.
· 당신의 경청 방법이 어떻게 성공을 제한했는지 발견하게 된다.

그리고…
· 경청하는 방법을 바꿈으로써 빠른 시간 안에 목표를 달성하게
  된다.
· 마치 자석처럼 사람들을 끌어당기기 위해 선(禪)을 사용하게
  된다.

· 관계를 구축하고 예비고객이 갖고 있는 문제가 무엇인지 즉시
  알게 된다.
· 예비고객을 찾아내는 완벽한 접근 방법을 알게 된다.
· 예비고객이 반대하는 어떠한 이유도 그들이 당선에게 합류하
  도록 전환시킬 수 있게 된다.
· 가장 생산적인 자원을 가려내게 된다. 그리고…
· 네트워크마케팅의 숫자게임에서 승리하게 된다.
· 미래를 보장하는 단계적인 사업 계획을 계발하게 된다.
· 당신의 수입을 10배로 늘이는 일일 행동 계획을 세우게 된다.
· 자신을 최고의 후원자와 사업파트너로 평가하게 된다.
· 당신의 성공을 보장하는 열정적인 비전을 만들어내게 된다.

그리고 더 많은 것을 하게 된다.

"이것은 네트워크마케팅 사업을 구축하는 방법에 관해 오늘
날 우리가 구할 수 있는 가장 좋은 책일 것이다."
〈업라인(Upline)〉지
존 밀튼 포그

"조의 저서는 성공적인 네트워크마케팅 비즈니스를 구축하는 방법에 관한 바이블이다. 나는 내가 강력하게 설득할 수 있는 한, 조 루비노 박사가 가지고 있는 방법으로 네트워크마케팅의 장인이 될 것을 제안한다. 이 책을 단순히 읽지만 말고 탐독하라!"

<마하 Ⅱ의 속도로 열정에 불타는 당신의 머릿결>의 저자
리차드 브룩

회사에서
최고가 되기 위해
전념하는 방법을
배워라!